GEORG QUEDENS

FÖHR

BREKLUMER VERLAG

15. Auflage 2000

© 1973 Breklumer Verlag, Breklum
Fotos vom Verfasser
Gesamtherstellung: Breklumer Druckerei Manfred Siegel KG
Printed in Germany – ISBN 3-7793-1111-9

Inhalt

Vorwort

FÖHR nennt sich die »grüne Insel«, und wenn man sich mit dem Schiff von Dagebüll aus der Insel nähert, wird diese Bezeichnung bestätigt. Als erstes sieht man den grünen Saum des Deiches und, näherkommend, die Baumreihe am Hafen und auf dem Sandwall, hinter deren grünen Kronen sich ein Teil des Badestädtchens Wyk verbirgt. Nicht anders ist es mit den sechzehn Dörfern, auch sie sind von Bäumen umgeben. Und grün ist, so weit das Auge reicht, die Marsch, die erst am fernen Deich ihr Ende findet.

Föhr ist fast rund, wie jede Insel mit einer in sich geschlossenen Lebenswelt, mit überschaubaren Landschaften, einer eigenen Geschichte und einer Bevölkerung, die sich noch überwiegend Friesen nennt und besonders im Föhrer Westen eine eigene Sprache, das Föhring, spricht.

Föhr ist eine Insel, auf der sich Altes und Neues harmonisch zusammenfügt, wo der »Fortschritt« den Traditionen und alten Formen noch Raum gelassen hat. Der flüchtige Besucher mag die Insel vielleicht einförmig finden, wenn er die dynamischen Landschaften der Nachbarinseln Sylt und Amrum kennt. Doch der Reiz der Insel Föhr steckt im Detail. Hier gibt es viel zu suchen und zu finden, wobei dieses Buch ein Wegweiser sein soll.

Findlinge im Watt am Goting-Kliff

Die Entstehung der Insel Föhr

Der Name der Insel FÖHR läßt sich nicht mit Sicherheit erklären. Verbreitet ist die Ansicht, daß es sich bei diesem Namen um die Bezeichnung einer unfruchtbaren und trockenen Gegend handelt, die über eine Niederung aufragt.

Etwa zwei Fünftel der Insel bestehen aus den relativ unfruchtbaren Sanden der Geest, die auf das Wirken der Eiszeit zurückzuführen sind.

Die Gletschervorstöße der Eiszeit und die Abschmelzung des Eises haben nicht nur die oberen Bodenschichten der Nordsee und die Inselkerne von Sylt, Föhr und Amrum gebildet, sondern auch die Gestaltung dieser Landschaft bestimmt. Die fast eine Million Jahre dauernde Eiszeit war die Ursache für die großräumigen Veränderungen von Land und Meer und die dadurch wechselnde Höhe des Meeresspiegels. Während in den Kälteperioden mit Gletschervorstößen ein Teil des Wassers durch die Eisbildung gebunden wurde und dabei der Meeresspiegel bis um 100 m fiel, hob sich in den Wärmeperioden, den Zwischeneiszeiten, der Meeresspiegel durch das Abschmelzen des Eises, so daß weite Gebiete des flachen Landes überflutet wurden.

Die Föhrer Geest verdankt ihre Bildung vor allem der Saale-Eiszeit, die von etwa 240 000 bis 150 000 vor Beginn unserer Zeitrechnung dauerte und mit ihren Gletschern, Schmelzwassern und Sanden den Boden des heutigen Nordseebeckens gestaltete. Dabei wurde die Föhrer Geest überwiegend durch eine Grundmoräne mit kalkhaltigem Geschiebemergel und geschichteten Schmelzwassersanden gebildet. Doch ist die Geest kein einheitlicher Block, sondern besteht aus mehreren »Inseln«, die durch alluviale Ablagerungen miteinander verbunden sind.

Durch eine Aufwölbung des Untergrundes im Miozän lagerten sich die Geestkerne von Sylt, Föhr und Amrum so hoch, daß sie zunächst aus der flachen Landschaft herausragten und nach dem Anstieg des Meeresspiegels als Inseln erhalten blieben.

Nach dem Abklingen der Saale-Eiszeit wurde das Nordseebecken zum größten Teil vom sogenannten Eem-Meer überflutet, wobei sich zwischen Sylt im Norden und Eiderstedt im Süden eine zusammenhängende Halbinsel unter Einschluß von Sylt, Föhr und Amrum bildete. Ein Meeresarm drang östlich dieser Halbinsel bis in den

Raum von Husum vor, doch lag der Meeresspiegel etwa 7 m unter dem heutigen Niveau.

Eine neue Kälteperiode von etwa 110000 bis 15000 vor unserer Zeitrechnung führte zu einer abermaligen Senkung des Meeresspiegels. Doch die Gletscher dieses letzten Eisvorstoßes erreichten die Nordseeküste nicht mehr. Sie endeten an der schleswig-holsteinischen Ostküste und hinterließen dort die charakteristische Moränenlandschaft. Die Schmelzwasser der zurückweichenden Gletscher haben indessen noch die Nordseelandschaft geformt und dabei auch die Geestkerne von Föhr und Amrum auseinandergeschnitten.

Das Ende der Eiszeit bedingte ein erneutes Vordringen des Meeres, das durch die sogenannte Litorina-Transgression kurz vor der Zeitrechnung seinen Höhepunkt erreichte. Dabei wurden die hochliegenden Geestblöcke der erwähnten Halbinsel, des sogenannten »Westlandes«, durch das Wasser getrennt, so daß sich mehrere Inseln, darunter auch die aus den Geestkernen von Sylt, Föhr und Amrum bildeten. Nach dem Stillstand dieser Transgression und einer vermutlichen Senkung des Meeresspiegels um ein bis zwei Meter, begann im Lee dieser »Westland-Inseln« die Ablagerung und Aufschlickung großflächiger Marschen. Nach Aussüßung des Grundwassers kam es auf diesen Flächen zur Bildung von Hochmooren mit ausgedehnten Schilffeldern und Waldungen, von denen noch heute Reste im Wattenmeer zwischen den Inseln und Halligen zu finden sind. Im Wattenmeer um Föhr liegen vereinzelte Baumstubben, darunter von Eichen, und die Reste eines jungsteinzeitlichen Birkenwaldes unter nur zentimeterhohem Sand und Schlick. Etwa 500 m vor dem Goting-Kliff wurden diese sogar in der brennstoffknappen Nachkriegszeit um 1947 abgegraben und als Brennmaterial verwandt.

Ein erneuter Anstieg des Meeres um etwa 2 m, die sogenannte Dünkirchen-Transgression um Christi Geburt, führte dann zur Überflutung und teilweisen Zerstörung der vorzeitlichen Marschen- und Moorflächen, jedoch auch zu neuerlichen Ablagerungen von Schlick aus dem zerstörten Gebiet und zur Bildung von neuen Marschen über den Hochmooren nach dem Abklingen der Transgression.

Durch die spätere Eindeichung und der damit verbundenen Austrocknung, die eine Senkung der Moorschichten bewirkte, sowie durch den umfangreichen Abbau der Torfschicht zwecks Gewinnung von Salz (siehe Seite 28) kam es 'erneut zu Einbrüchen und Zerstörungen durch das Meer. Die Inseln und Halligen, nach Überlieferungen bis in das 12. Jahrhundert nur durch Priele und Niederungen voneinander getrennt, wurden durch Wattflächen und die breiter und tiefer werdenden Wattenströme auseinandergerissen. Das geografische Bild des heutigen Wattenmeeres mit seinen Inseln und Halligen entstand also erst in der erdgeschichtlichen Gegenwart, während der letzten 500 Jahre.

Die Landschaften der Insel Föhr

Am Goting-Kliff

Im Gegensatz zu den Nachbarinseln Sylt und Amrum mit ihren urwüchsigen Dünen und dunklen Heideflächen, fällt Föhr durch die sanften Formen seiner Landschaften auf. Dünen fehlen ganz. An der Föhrer Südküste, so am Südstrand, bei Nieblum und Witsum, sind lediglich kleine Sandwälle aufgespült oder aufgeweht, die allerdings die typischen Dünenpflanzen, Strandroggen und Strandhafer tragen. Auch im Norden von Föhr, am Vorland, gibt es solche Strandwälle.

Eine der interessantesten Föhrer Landschaften ist das Goting-Kliff, eine etwa 1,7 km lange, bis 9 m hohe Steilküste, die von Wind und Wasser gestaltet ist und sich durch die ständigen Einwirkungen dieser Naturkräfte fortwährend verändert. Die Steilkante ist ein Querschnitt durch die Föhrer Geest. Dunkle Geschiebemergel liegen am Fuß des Kliffs, darüber die gelblichen und hellen Schichten von Lehm und Kies mit eingeschlossenen Mergeladern und Steinen aller Größen. Die obere Schicht wird von schwarzbraunem Sand gebildet.

Der Strand ist von Geröll, von Steinen und Findlingen übersät. Sie alle sind nordischen Ursprungs, durch die Gletscher der Eiszeit in unseren Raum transportiert. Geschliffene Sandsteine aus Schweden und Bornholm, Rhombenporphyr aus Norwegen und Feldparporphyr liegen hier, ebenso Granite aus Schweden, dem Baltikum und Finnland.

Am Goting-Kliff

Auf der Geest

Die Föhrer Geest ist vor unserer Zeitrechnung bedeutend größer gewesen. Findlinge im Watt vor der Föhrer Südküste und vor Utersum
und Dunsum verraten, daß hier der Geestkern durch das ansteigende Meer abgebaut wurde. Manche dieser mächtigen Findlinge liegen
derart nahe zusammen, daß sie eine vorzeitliche Grabkammer vermuten lassen. Dem mächtigen Balckstein nordwestlich von Dunsum
wird sogar kultische Bedeutung zugemessen. Die heutige Föhrer Geest wird – wie eingangs erwähnt – aus mehreren »Inseln« gebildet.
Die größte zusammenhängende Geestfläche liegt im Dreieck Wyk–
Midlum–Nieblum. Zwischen Nieblum und Goting ist die Geest so
flach, daß sie hier bei der Sturmflut im Jahre 1825 überflutet wurde,
so daß sich das durch den Deichbruch in die Marsch hineinströmen-
de Wasser mit dem Wattenmeer verband. Zusammenhängend ist
auch die Geest zwischen Goting, Süderende und Utersum, doch brechen von der Marsch und von der Küste her mehrere Senken in diesen Geestkern ein, am auffälligsten durch die Godel-Niederung zwi-

schen Witsum und Hedehusum. Oldsum, Klintum und Toftum sowie die beiden Dorfteile von Dunsum liegen auf kleineren Geestinseln. Ein Blick auf die Föhr-Karte des Landesvermessungs-Amtes
zeigt uns, daß die Geest zwischen 2,5 und 9 m über dem Meeresspiegel liegt. Die höchsten Punkte liegen westlich der Meierei Oevenum
mit 13,2 m, am Sylvert bei Witsum mit 11,3 m und bei den Grabhügeln »Tribergen« westlich von Utersum mit 12,2 m.

Die mehr oder weniger hügelig gewellte Geest trägt die älteren
Siedlungen von Föhr und wird heute intensiv als Ackerland für den
Anbau von Getreide und von Feldfrüchten, vor allem Kartoffeln und
Rüben, genutzt. Der an sich unfruchtbare Boden ist aber erst allmählich durch den Fleiß der Landwirte und Düngung ertragreicher
geworden. Nur vage können wir uns angesichts der wogenden Kornfelder und der grünen Kartoffel- und Rübenäcker vorstellen, daß ein
großer Teil dieser Geest bis zum Jahre 1800 etwa mit dunkler Heide
und Hunderten von unversehrten Grabhügeln bedeckt war. Als
neuester Akzent im Landschaftsbild der Geest ist die Aufforstung zu
verzeichnen. Neben den wenigen Einzelgehölzen am Kurheim Utersum, bei Nieblum und im Stadtbereich von Wyk ist in den letzten
Jahren eine konzentrierte Anpflanzung von staatlicher und privater
Seite erfolgt, so daß Föhr rund 100 Hektar Wald, vorwiegend Nadelwald, trägt.

In der Marsch

Wie eine große, grüne Ebene liegt die Föhrer Marsch zwischen den
Dörfern am Geestrand und dem Bogen des Deiches, der von Wyk im
Osten bis nach Utersum im Westen die Marsch sturmflutsicher umspannt. Bis zur Eindeichung der Marsch gegen Ende des 15. Jahrhunderts hatte sie den Charakter von Halligland mit Salzwasserflora, da
regelmäßige Überflutungen zu verzeichnen waren. Naturgebildete,
gewundene Wasserläufe, in denen Ebbe und Flut täglich wirksam
waren, flossen durch die Marsch bis an den Geestrand, so z.B. bis zur
»Lembecks-Burg« bei Borgsum oder mit schiffbarer Tiefe bis Midlum.

Die Föhrer Marsch bildete sich nach dem Abklingen der Flandrischen Transgression in den ersten Jahrhunderten unserer Zeitrech

Die Weite der Föhrer Marsch

nung durch Ablagerungen auf der vorzeitlichen Moorschicht, die in einer Stärke von 1–2 m auf eiszeitlichen Sanden liegt. Mehrfache Bohrungen haben ergeben, daß die Kleischicht der heutigen Marsch bis zu 1,50 m stark ist.

Dabei ist die scheinbar wasserwaagenebene Weite der Marsch verschieden hoch und zwar am höchsten in der Nähe des Ufers, weil hier die häufigste und stärkste Sedimentation erfolgte. Stellenweise liegt die Marsch nur etwa einen Meter über dem mittleren Hochwasser. Bei den Senken am Föhrer Deich handelt es sich zum Teil um Kleientnahmestellen früherer Deichbautätigkeit, oder, wie einige große Baggerkuhlen, um Kleientnahme für die Deicherhöhung in jüngster Zeit. Vielfach sind es jedoch sogenannte »Slawen«, verlandete Meeresbuchten, die seinerzeit durch den Deichbau vom Meer abgeschnitten wurden. Hier standen bis zur Flurbereinigung und Entwässerung im Jahre 1960 riesige Schilffelder mit einer heimlichen Tierwelt. Einzelne Warften deuten auf frühere Besiedlung der Marsch (s. Seite 70). Erst im Jahre 1838 wurde durch den Schmied Peter Suhr auf Ackerum ein neuer Siedlungsversuch gemacht. Doch

Das Deichvorland mit weidenden Schafherden

das Haus wurde um die Mitte des 19. Jahrhunderts wieder abgebrochen. Der heutige Ackerum-Hof ist später gebaut. Er lag bis zum Jahre 1960, dem Beginn der Aussiedlung, allein in der Föhrer Marsch.

Heute liegen reichlich 20 Aussiedlerhöfe, von Bäumen, vor allem von schnellwüchsigen Weiden umgrünt, einzeln oder in Gruppen verstreut über die Föhrer Marsch – verbunden durch die unschönen Hochspannungsmasten und -leitungen der Schleswag. Aber die früher ungestörte Weite der Marsch hat in jüngster Zeit noch weitere Tribute an den Fortschritt gezahlt, durch hochragende Windkraftanlagen für die umweltfreundliche Stromerzeugung, die ganz neue und noch ungewohnte Akzente in die Landschaft gesetzt haben. Geändert hat sich aber auch das landwirtschaftliche Bild der Föhrer Marsch. War es früher eine reine Weide und Heulandfläche, konnten nach der Flurbereinigung und Entwässerung Getreide und Feldfrüchte im Wechsel mit Weideland angebaut werden.

Der Deich trennt zwei Welten – Land und Meer

Das Vorland

So wie vor etwa 2000 Jahren durch Schlickablagerungen aus dem Wattenmeer die Föhrer Marsch gebildet wurde, so entstand in jüngerer Zeit das Vorland außerhalb des Deiches.

Vorland finden wir fast überall vor den Deichen der deutschen Nordseeküste. Dort aber ist es durch menschliche Maßnahmen, durch den umfangreichen Bau von Buhnen (Lahnungen) zwecks Beruhigung von Strömung und Wellenschlag, verbunden mit ständigen Grüppelarbeiten aufgewachsen. Aber das Vorland im Norden der Insel Föhr entstand ohne direktes menschliches Zutun durch die Natur. Bedingt durch die Ruhezone im Wind- und Wellenlee des Föhrer Deiches, kam es hier zur Sedimentation von Sand und Schlick, begünstigt auch durch den Bau des Hindenburgdammes vom Festland nach Sylt im Jahre 1927 und dem dadurch bedingten Strömungsrückstau.

Das Vorland ist über hundert Hektar groß und liegt in wechselnder Breite vor dem Deichabschnitt Oldsum – Oevenum, durchzogen von prielähnlichen Wassergräben. Entsprechend der gelegentlichen Überflutung bei Sturmfluten wächst hier eine typische Salzvegetation (siehe auch Seite 132). Das Vorland wird traditionell als Schafweide genutzt und ist als solches an verschiedene Landwirte verpachtet. Eigentümer von Anwachs, wie Vorland auch genannt wird, ist aber immer der Staat.

Seit 1985 liegt das Vorland im Bereich des Nationalparks Wattenmeer und darf in der sommerlichen Brutzeit von Unbefugten nicht betreten werden. Doch gibt es auf dem Deich des Toftumer Vorlandes ein Infozentrum der Schutzstation Wattenmeer, verbunden mit der Möglichkeit, durch ein Spektiv das Vogelleben auf dem Vorland zu beobachten. Am Oldsumer Vorland, wo ein natürlicher Sandwall aufgespült ist, befindet sich eine Badestelle.

Der »Fund von Nieblum« aus einer steinzeitlichen Werkstatt, heute im Friesenmuseum von Wyk

Vor- und frühzeitliches Leben auf Föhr

Jg. Steinzeit 3000–1600 v.Chr.

Wenn wir uns das vor- und frühzeitliche Leben auf Föhr vorstellen, dann müssen wir uns noch einmal das Landschaftsbild jener Zeit vor Augen halten. Der Geestkern lag hoch, umgeben von Marschen und Mooren, die teilweise mit Wald und Schilf bedeckt waren. Die Meeresküste lag nach Westen hin noch etliche Kilometer entfernt, doch bestanden über größere, prielähnliche Wasserläufe Verbindungen vom Inselkern zum Meer. Während das umliegende Flachland als Weide und Jagdrevier benutzt wurde, diente der hohe Geestrücken Föhrs als Siedlungsraum und als Friedhof für die Toten. So sind es neben Siedlungsplätzen auch vor allem Gräber aus verschiedenen Zeitepochen, die uns Kunde vom Leben der damaligen Völkerschaften geben.

Steinzeitliche Grabkammer im »Sunnberreg« bei Utersum

Die nachweislich früheste Besiedlung erfolgte während der jüngeren Steinzeit (3000–1600 v.Chr.) durch eine schon Viehzucht und Ackerbau treibende Bevölkerung, die aus dem nahen Jütland kam. Doch deuten Funde einer Knochenharpune im Marschentorf bei Wyk sowie eines Kernbeiles bei Utersum darauf hin, daß auch schon vorher Menschen, vermutlich als nomadisierende Jäger, in unserem Raum vorhanden waren.

Die jütischen Einwanderer bestatteten ihre Toten in Steinkammern, die aus Findlingen in verschiedenen Formen gebaut und mit Findlingen abgedeckt unter runden oder langgestreckten Hügeln lagen. In diesen Kammern wurden Generationen von Toten beerdigt, wohlversorgt mit Waffen, Geräten und Wegzehrung für die ewige Reise. Leider ist auf Föhr von den bekanntgewordenen 17 Megalithgräbern nur noch eine Grabstätte dieser Art erhalten, nämlich die Steinkammer im »Sunnberreg« am Utersumer Deich. Sie wurde im

Jahre 1895 durch den Lehrer H. Philippsen im Einvernehmen mit dem Landesmuseum ausgegraben, wobei ein Steinbeil, Knochenreste und die Asche eines Totenfeuers gefunden wurden. Die Grabkammer stammte aus der jüngeren Steinzeit, war jedoch in der späteren Bronzezeit wieder belegt worden.

Eine ähnliche Grabkammer wurde im »Hünjbruad-Berreg« südlich von Utersum festgestellt und ebenfalls durch Philippsen freigelegt und untersucht. Die Findlinge und Feldsteine dieser 2,35 m langen Kammer, in der Holzkohle, Topfscherben und ein gut erhaltenes Bronzeschwert gefunden wurden, sind aber bald darauf für den Deich- und Straßenbau zweckentfremdet worden. Nur eine Steinwurflänge südlicher lag eine weitere Kammer, »die so geräumig war, daß Kinder darin tanzen konnten«. Vergeblich bemühte sich der Verein für Heimatkunde, diess Denkmal zu erhalten. Es wurde im Jahre 1905 durch den Grundeigentümer abgeräumt. Abgeräumt waren auch die Findlinge einer Grabkammer bei Süderende, doch die unberührt gebliebenen Beigaben, Feuersteinbeile, Steinäxte, eine Keule und einige Flintklingen, Bernsteinperlen und verzierte Tongefäße, konnten noch vor einigen Jahren geborgen werden.

Ein besonders umfangreicher Fund von Waffen und Werkzeugen der jungen Steinzeit wurde im Jahre 1866 in einem Garten in Nieblum gemacht. Offenbar war der Besitzer des Gartens, der Schneidermeister Christian Hansen, in zwei Fuß Tiefe auf die Werkstatt eines Steinmetzen gestoßen. Der Fund enthielt rund 30 Gegenstände, darunter 7 Äxte, 4 Meißel, 5 Messer, Pfeilspitzen und Dolche. Der Freiherr von Minnigerode kaufte einige Jahre später diesen Fund und nahm ihn mit nach Rossitten. Von dort wurde der Fund im Jahre 1934 durch das Friesenmuseum Wyk wieder zurückgekauft.

Aus dem südöstlichen Europa wanderte gegen Ende der Steinzeit ein neuer Volksstamm nach Norden, der nach der Bestattungsart seiner Toten als »Einzelgrabvolk« bezeichnet wird. Durch die Vermischung mit der eingesessenen Bevölkerung entstand das Volk der Germanen. Die Einwanderer, kriegerisch und beweglich durch den Besitz von Pferden, haben zwar keine bekanntgewordenen Gräber auf Föhr hinterlassen, doch wurden allenthalben, mit Ausnahme des südwestlichen Inselteiles, ihre charakteristischen Streitäxte gefunden.

Bronzezeitlicher Grabhügel am Goting-Kliff

Bronzezeit 1600–600 v.Chr.

Die Einwanderer brachten aber auch die Kultur des Südens in den Norden und leiteten die Bronzezeit ein. Rege Handelsverbindung mit dem Süden, vor allem mit Bernstein, hat diese Entwicklung nachhaltig gefördert. Bernstein, von den Gletschern der Eiszeit aus dem nordöstlichen Europa in den Nordseeraum verfrachtet, war im Süden als Schmuck begehrt und wurde gegen Bronze eingetauscht.

Die Bronzezeit wurde eine Glanzzeit des Wohlstandes und der Kultur. Waffen und Werkzeuge, Hausgeräte und Schmuck wurden in vollendeten Formen, reich verziert mit Ornamenten, nach einem eigenen, nordischen Stil hergestellt. Träger dieser bedeutenden Epoche waren Kaufleute, die über Land und See nach Süden und Westen Handel betrieben, und eine aus der Bevölkerung entstandene Oberschicht.

Die Bestattungsart der Toten änderte sich. Die Leichname wurden in der älteren Bronzezeit in Steinkisten oder ausgehöhlten Baumsärgen unter Grabhügel begraben. Die Baumsärge bestanden in der Regel aus Eichenholz, ein Beweis für das Vorhandensein jener Eichenwälder, von denen noch heute gelegentlich Stubben im Watt gefunden werden. Unverändert bleiben aber die Beigaben, Waffen, Schmuck und Wegzehrung.

In der mittleren Bronzezeit begann man, die Toten zu verbrennen. Die kalzinierten Knochenreste wurden gesammelt und mit den üblichen Beigaben in ein Fell gewickelt und in kleine Steinkammern gelegt, die mit Eichenbohlen bedeckt wurden. Philippsen meint, daß durch die Reduzierung der Leichen infolge Verbrennung die Bestattungskammern immer kleiner wurden, bis die verbrannten Überreste schließlich in Urnen gefüllt und beigesetzt wurden. Die Urnen wurden zum Teil in älteren Grabhügeln oder unter ebener Erde begraben.

Bronzezeitliche Grabhügel, über 4 m hoch und mit Durchmessern bis zu 20 m, gaben der Föhrer Geest ein besonderes Gepräge. Die Hügel standen einzeln oder in Gruppen, in der Regel auf Anhöhen, damit die Toten weit über das Land blicken konnten. Mehr als 500 Grabhügel der Bronzezeit wurden auf Föhr festgestellt, wobei auffallend ist, daß sich diese Grabhügel fast ausnahmslos in Westerland-Föhr befanden, während die viel größere und auch höhere Geest Osterland-Föhrs nur wenige dieser eindrucksvollen Begrabungsstätten trug.

Heute sind nur noch etwa 20 dieser Grabhügel deutlich sichtbar. Nachdem sie über tausend Jahre lang die Inselgeest zierten und vermutlich durch Aberglauben geschützt wurden, begann im 19. Jahrhundert der umfangreiche Abbau dieser Denkmäler. Zum Teil wurden sie für die Erforschung der Vor- und Frühgeschichte abgegraben, überwiegend aber für profane Zwecke, um Erde und Steine zu gewinnen oder um ein Hindernis für den Pflug zu beseitigen. Vereinzelt mag auch systematische Schatzsucherei für die Zerstörung der Grabhügel in Frage kommen, besonders nachdem in einigen Hügeln Goldspiralen gefunden und gut bezahlt wurden.

Eisen- und Wikingerzeit

600 v.Chr. bis 1000 n.Chr.

Etwa um 500 v.Chr. erfolgte der Übergang von der Bronze- zur Eisenzeit. Die Bronze wurde, insbesondere für Waffen und Geräte, durch das härtere und billigere Eisen, das aus dem heimischen Raseneisenerz gewonnen wurde, abgelöst. Die Lebensbedingungen begannen sich aber in jener Zeit zu verschlechtern und zwar durch anhaltend feuchtes Klima sowie durch den Einbruch des Meeres und die dadurch bedingte Reduzierung des Lebensraumes. Weidegründe und Jagdreviere schrumpften infolge von Überflutungen zusammen, so daß die höher liegenden Geestkerne, bisher vorwiegend als Wohn- und Begräbnisraum genutzt, bewirtschaftet werden mußten. Zu diesem Zwecke erfolgte eine umfangreiche Erhöhung des landwirtschaftlich genutzten Teiles der Geest durch die sogenannte Eschdüngung, den Auftrag von Humuserde. Die Düngung erfolgte vor allem dort, wo Heide die Nutzung und Fruchtbarkeit minderte, und sehr wahrscheinlich war damals der größte Teil der Föhrer Geest mit Heide bedeckt.

Die Bestattung der Toten geschieht wie bisher durch Leichenverbrennung und Beisetzung der Asche in Urnen. Doch die Beigaben werden immer spärlicher. Auch die Grabhügel haben nicht mehr die Mächtigkeit der Bronzezeit. Sie sind bedeutend flacher und an Umfang geringer und liegen zu Dutzenden, ja an die hundert, dicht zusammen. Später, in den ersten Jahrhunderten unserer Zeitrechnung, werden die Urnen in der Regel unter ebener Erde bestattet. Solche Urnenfriedhöfe wurden vor allem bei Süderende und Goting gefunden, ferner an der Kliffküste von Nieblum.

Einer der bedeutendsten Funde aus der Eisenzeit wurde kurz nach der Jahrhundertwende nördlich von Groß-Dunsum, eben binnen des Deiches, gemacht. Es handelte sich um ein Kökkenmödding, einem aus Muschelschalen bestehenden, mehrschichtigen Küchenabfallhaufen. Nach Untersuchungen in den Jahren 1911 und 1912 durch die Archäologen Behn und Knorr wurde der Abfallhaufen anhand von Scherbenfunden in die vorrömische Kaiserzeit datiert. Ferner wurden Knochen von Haustieren und einem Wal gefunden. Unmittelbar neben dem Kökkenmödding konnten in einer höherliegenden Schicht die Reste eines Hauses mit Steinpflaster und Herdstelle freigelegt werden. Nach Ausweis der verschiedenen Wohnschichten hat dieser Siedlungsplatz sehr lange bestanden.

Ein weiterer Siedlungsplatz aus der Eisenzeit wurde Ende des vorigen Jahrhunderts unter der Flur »Greenspötj« am Kliff bei Utersum entdeckt. Hier kam durch Anschnitt des Kliffs durch das Meer ebenfalls ein Kökkenmödding zutage, »wovon ein Bauer fuderweise für die Düngung seines Feldes abfuhr«. Neben einem Steinpflaster und mehrschichtigen Wohnplätzen wurden Brandgruben und Massen von Scherben gefunden.

In der Völkerwanderungszeit um 500 n.Chr. erfolgte eine starke Verminderung der Bevölkerungszahl, was sich im Mangel an Funden zwischen dem 6. und 8. Jahrhundert bemerkbar macht. In der nachfolgenden Zeit ist dann wieder ein rascher Anstieg der Bevölkerung zu verzeichnen. Aus Gegenden an der Rheinmündung wandern Friesen zunächst in die Festlandsmarsch, später in das Gebiet der heutigen nordfriesischen Inseln ein.

Fast gleichzeitig werden die Inseln aus dem Norden von Wikingern besetzt und besiedelt. Die Zahl der wikingerzeitlichen Gräber auf Föhr ist sehr groß, wobei die Art der Bestattung sowohl auf Einflüsse aus dem Westen (Friesen) als auch auf den Norden (Wikinger) hinweist.

Die eindrucksvollsten Zeugen jener Zeit sind die »Burgen«, von denen die Borgsumer Burg, auch Lembecks-Burg genannt, noch erhalten ist, während eine kleinere Burganlage bei Utersum um die Mitte des vorigen Jahrhunderts abgetragen wurde. Der Zweck dieser Burgen ist bis heute nicht sicher geklärt. Offenbar waren es Fluchtburgen der einheimischen Bevölkerung, also der eingewanderten Friesen und des vor- und frühzeitlichen Restvolkes gegen die Raubzüge der Wikinger, nicht, wie lange vermutet, Burgen der Wikinger selbst. Darauf deutet vor allem die frühere Lage hin. In der Zeit, als die Föhrer Marsch noch offen, also uneingedeicht war, reichten Wasserläufe bis an die Föhrer Geest, so auch zu den beiden Burgen, die auf Geesthöhen liegend von Niederungen oder von Wasser umschlossen waren. In seinem Werk »Die vorgeschichtlichen Altertümer der Insel Föhr« hat Johann Braren die etwaigen Landschaftsverhältnisse zur Wikingerzeit dargestellt, wobei die strategische Lage und die Verbindung zum Meer auffallend sind. In der Utersumer Burg wurde um 1800 ein Schatz von 115 Münzen gefunden, die ver-

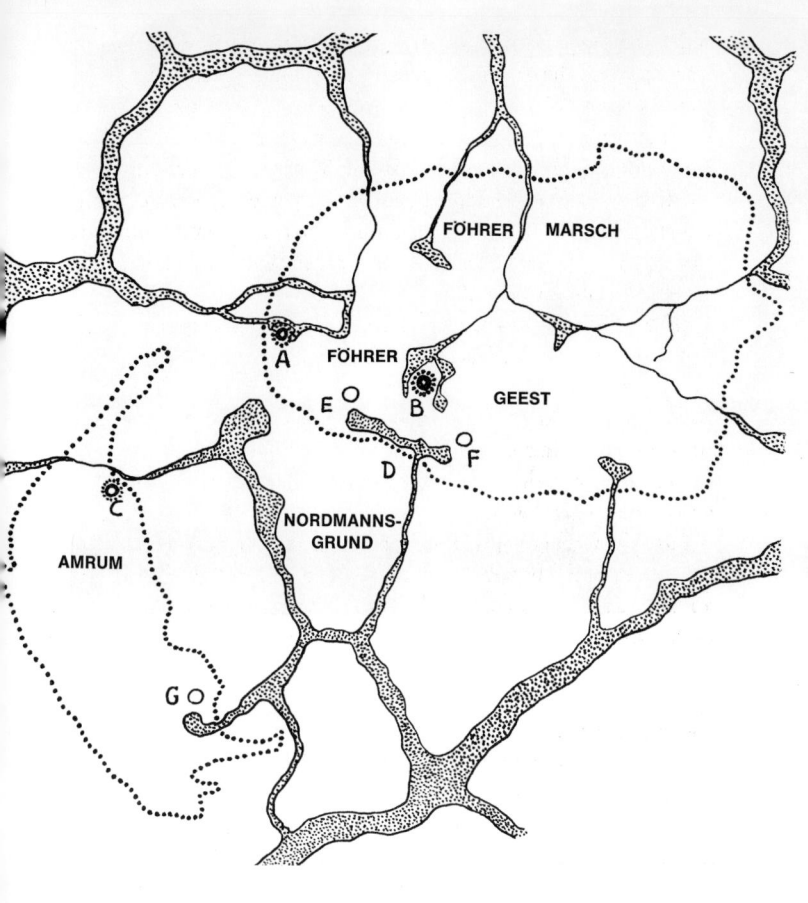

Die Landschaftsverhältnisse während der Wikingerzeit im Bereich von Föhr und Amrum. A – Burg bei Utersum, B – Burg bei Borgsum, C – Burg bei Norddorf (Amrum), D – Wikingerhafen nahe bei Godelmündung, E – Siedlung und Gräber, F – Siedlung und Gräber, G – Gräberfeld der Wikingerzeit

Die »Lembecks-Burg« bei Borgsum

mutlich aus einer Tributzahlung des englischen Königs Ethelred II (978–1016) an einen Wikinger stammen.

Ausgrabungen in der mächtigen Borgsumer Burg, deren Innenraum mit einem Durchmesser von reichlich 100 m von einem 8 m hohen Ringwall umschlossen wird, ergaben Spuren von Häusern mit Sodenwänden und Keramik des 10. und 11. Jahrhunderts. Ferner wurden Knochen von Wild, vor allem von Vögeln, gefunden. Jahrhundertelang waren die Burgen offenbar unbewohnt. Im 14. Jahrhundert wurden sie jedoch von dänischen und holsteinischen Lehensrittern, so von Erich Riind, Waldemar Zappy und Klaus Lembeck, besetzt. Sie übten ein tyrannisches Regiment über die Bevölkerung aus.

Aus dem Föhrer Sagenschatz

Die Legende erzählt, daß im Jahre 1374 der dänische König Waldemar Atterdag mit einem kleinen Heer nach Föhr kam, um den Ritter Klaus Lembeck, der das Volk tyrannisierte und dem König den Lehenseid verweigert hatte, gefangen zu nehmen. Der Ritter hielt jedoch der Belagerung stand und täuschte dem König reichlich Nahrung vor, indem er eine Kuh, gehüllt in die Felle längst geschlachteter Kühe auf den Burgwall trieb. Als die Burg dann erstürmt wurde, war Klaus Lembeck jedoch bereits über einen zur Burg führenden Wasserlauf geflohen.

Besonders viele Sagen bildeten sich um die Hügelgräber, in denen die Unterirdischen, ein Zwergenvolk, ihre Wohnstätten hatten. So wurde vom inwzwischen abgetragenen »Hünjbruad-Berg« (Hundebrot-Hügel) bei Utersum erzählt, daß dort ein Bauer ein kleines, unbestimmbares Gerät entdeckte. Er ahnte, daß es einem Zwerg gehörte, und legte einige Metallstücke dazu, weil die Zwerge daran ihren Spaß hatten. Bald darauf war das Gerät mit den Beilagen verschwunden, statt dessen lag dort tagtäglich ein kleines Brot. Der Bauer wagte es jedoch nicht selber zu essen und fütterte zeitlebens seinen Hund damit.

An einem anderen Hügel bei Utersum, dem »Siekes-Berg«, fand ein Mann namens Jens Sieke eines Tages ein seltsames Messer, das er mit nach Hause nahm. Bald darauf kam ein als alter Mann verwandelter Zwerg, um Jens das Messer wieder abzuhandeln. Doch Jens, von einer alten Frau vorgewarnt, verlangte dafür, daß beim Pflügen aus jeder Furche ein Goldstück springen müsse. Das geschah auch, aber es war kein Segen daran, denn Jens pflügte in seiner Gier Tag und Nacht, im Sommer und im Winter und brach schließlich tot hinter dem Pflug zusammen.

Auch die Hügel Tribergen waren von Zwergen bewohnt. Ein Bauernsohn, von seinen Brüdern als einfältig verlacht, ließ sich eines Nachts, in einer Strohgarbe versteckt, von den diebischen Zwergen in den Hügel tragen. Hier entdeckte er einen Zaubertrank, der ihm Kräfte verlieh, und ein Schwert, mit dem er alle Zwerge erschlug, so daß er sich in den Besitz einiger prächtiger Pferde in Goldgeschirr bringen konnte. Mit diesen Pferden gewann er später ein Ringreiten und einen, vom König ausgesetzten Bauernhof, als Siegerpreis.

Das alte Föhr

Am Anfang der Geschichte

Die geschriebene Geschichte der Insel Föhr beginnt relativ spät. Im Jahre 1231 wird die Insel urkundlich erwähnt, und zwar im »Erdbuch« des dänischen Königs Waldemar II. Dieses Erdbuch, das jahrhundertelang verschollen war, ist seinerzeit offenbar in der königlichen Zentralkartei verfaßt worden, teils für den Gebrauch der Steuerbeamten und teils als Schulungsbuch für den Thronfolger.

Für Föhr kommen die folgenden, aus dem Lateinischen übersetzten Zeilen, in Betracht: »Uthlande Föhr, Osterharde und Westerharde, 54 Mark reines Silber – Föhr; Häuser, Hasen.«

Die Insel war also schon damals in zwei Harden geteilt, und zwar auf einer Grenzlinie, die bis in die Gegenwart hinein als Verwaltungsgrenze zwischen Osterland- und Westerland-Föhr bis auf kleine Korrekturen gültig blieb. So verlief die alte Hardengrenze mitten durch Nieblum, wobei der südliche Teil zur Westerharde gehörte. Ferner gehörte die Nachbarinsel Amrum zur Westerharde-Föhr.

Die Summe von 54 Mark reines Silber bezieht sich auf die Steuerzahlung aus diesen Harden, während durch die letzte Zeile zum Ausdruck gebracht wird, daß Föhr bewohnt ist, und daß es auf der Insel Hasen gibt. Da auch für die anderen Inseln das vorhandene Wild, auf Amrum neben Hasen noch Wildkaninchen, erwähnt wird, ist anzunehmen, daß der König oder der Hofadel gelegentlich als Jäger zur Insel kam.

Aber noch ein drittes Zitat des Erdbuches bezieht sich indirekt auf Föhr, nämlich die Erwähnung von vier Salzsiedereien in Friesland, von denen drei dem König und eine dem Herzogtum gehören.

Salzsiederzeit

Wenn es aus jener Zeit auch keine genaue Nachricht über eine Salzsiederei auf Föhr gibt, so darf man doch mit Sicherheit das Vorhandensein solcher Anlagen annehmen. Sie lagen stets an schiffbaren Wasserläufen oder Küsten. In späterer Zeit sind Salzgewinnungs-Stätten bei Wyk (»Salzgras« am Hafen) und eine Salzsiederei am Ufer bei Hedehusum bezeugt. Letztere war noch bis etwa 1780 in Betrieb.

Föhr um 1650, nach einem Kupferstich von Christian Rothgießer

Die Salzsiederei war eine bedeutende Periode in der Geschichte Nordfrieslands. Sie begann spätestens im 11. Jahrhundert und dauerte bis zum Ende des 18. Jahrhunderts. Grundstoff der Salzgewinnung war der im Watt oder unter dem Halligland liegende Seetorf, der durch zahlreiche Überflutungen mit Salz angereichert war. Diese Torfschichten wurden freigelegt, abgegraben und mit Schuten an Land gebracht. Hier wurde der Seetorf getrocknet, anschließend verbrannt und aus der Asche mit ihrem konzentrierten Salzgehalt eine Sole bereitet, aus der nach Verdampfung des Wassers das kristallisierte Salz zurückblieb. Das Salz wurde nach Norden und Süden gehandelt, und der Höhepunkt der Salzsiederzeit, der etwa zwischen dem 11. bis 14. Jahrhundert lag, war eine Zeit des Wohlstandes. Aber der Torfabbau trug zur Senkung des ohnehin flachen Landes bei und war eine der Ursachen für die großen Landverluste im nordfriesischen Wattenmeer.

Aus dem mittelalterlichen Föhr sind nur wenige schriftliche Dokumente vorhanden. Sie beziehen sich in der Regel auf die kirchlichen Verhältnisse oder auf Steuerzahlungen. Interessant ist eine Urkunde vom November 1360 über eine Kaufbestätigung von Grund und Boden im Bereich der Utersumer Burganlage zwischen Einwohnern von Utersum und Blegsum und dem Lehensritter Erich Riind. Wie schon vorher erwähnt, wurde Föhr in jener Zeit von dänischen und holsteinischen Lehensrittern beherrscht, die die eingesessene Bevölkerung mit Abgabenforderungen und Übergriffen, darunter Totschlag, drangsalierten. Insbesondere der Ritter Klaus Lembeck soll sich dabei hervorgetan haben, so daß schließlich der dänische König Waldemar Atterdag im Jahre 1374 nach Föhr gezogen sein soll, um Klaus Lembeck zu vertreiben. Jüngere Forschungen bezweifeln aber, ob der Ritter je über längere Zeit in der Burg gehaust hat.

Wie schon gesagt, war die Insel Föhr mindestens seit dem 13. Jahrhundert in zwei Harden, Osterland-Föhr und Westerland-Föhr, eingeteilt. »Harde« war im Königreich Dänemark eine Landschaftseinteilung, vermutlich entsprechend der Heeresfolge. Nach Entstehung des Herzogtumes Schleswig im Gefolge der Auseinandersetzungen unter den Nachkommen dänischer Könige um Macht und Thronansprüchen, kam es nicht nur zu einer landschaftlichen, sondern auch zu einer langandauernden politischen Teilung von Föhr. Die Westerharde (Westerland-Föhr mit Amrum) blieb, von kurzen Unterbrechungen abgesehen, als Enklave dem dänischen Königshaus in politischer und kirchlicher Hinsicht verbunden. Und noch heute rätseln Historiker, weshalb das Königshaus über Kriege und Nachfolgewechsel hinweg, so andauernd an der Westerharde festhielt – vermutlich aus flottenstrategischen Gründen.

Die Osterharde hingegen verblieb dem Herzogtum Schleswig, das allerdings auch unter der Oberhoheit der dänischen Krone stand. Als Mitte des 19. Jahrhunderts die Schleswig-Holsteinischen Selbständigkeitsbestrebungen, zum Deutschen Bunde tendierend, aufkamen und Dänemark gleichzeitig versuchte, durch entsprechende Verordnungen das Herzogtum Schleswig an das Königreich zu binden und die alte Grenze zwischen deutsch und dänisch an der Eider wiederherzustellen, kam es 1848 zur Schleswig-Holsteinischen Erhebung, die aber von Dänemark niedergeschlagen werden konnte. Die Auseinandersetzungen schwelten aber weiter, und als 1864 nach erneutem Verfassungsstreit die beiden deutschen Großmächte Preußen und Österreich eingriffen, wurde Dänemark be-

Seeschlacht zwischen dänischen und preußisch-österreichischen Schiffen am 9. Mai 1864 bei Helgoland

siegt und mußte die Herzogtümer des Gesamtstaates an die Sieger-mächte abtreten. Diese Entwicklung wurde auf Föhr ganz unter-schiedlich begrüßt. Westerland-Föhr und viele ihrer Repräsentanten hatten bei Truppenbesetzungen auf seiten der dänischen Krone ge-standen, während auf Osterland-Föhr und namentlich in Wyk die Schleswig-Holsteiner bzw. die Österreicher, die Föhr 1864 »erober-ten«, gefeiert wurden.

Nach dem Ersten Weltkrieg stand noch einmal die Frage der Grenzen auf der Tagesordnung. Aber bei der Abstimmung zwischen deutsch und dänisch im Jahre 1920 fiel diese eindeutig zugunsten Deutschlands aus, doch hatten einige Dörfer auf Westerland-Föhr dänische Mehrheiten.

*Kachelbild
aus der Walfangzeit,
früher in einem
Haus in Alkersum*

Das »Goldene Zeitalter«

Walfang

Der Anfang des 17. Jahrhunderts beginnende Walfang brachte den nordfriesischen Inseln und Halligen ein »Goldenes Zeitalter«. Engländer und Holländer hatten in den Jahren 1609 und 1611 im nördlichen Eismeer den Reichtum an Walen, Robben und Eisbären entdeckt und rüsteten Fangschiffe aus. Die Holländer, die bald eine dominierende Rolle im Walfang spielten, bemannten ihre Schiffe zum Teil mit Basken. Als der französische König 1633 den Basken aus Konkurrenzgründen verbot, auf holländischen Schiffen zu dienen, suchten sich die Holländer ihre Mannschaften auf den nordfriesischen Inseln und Halligen.

Etwa von Anno 1640 an fuhren zahlreiche Männer, vom noch unkonfirmierten zwölfjährigen Knaben bis hinauf zum rüstigen Greis, auf Walfang in das Eismeer. Die Fanggebiete lagen zunächst bei Spitzbergen, irrtümlich für einen Teil von Grönland gehalten, so daß der Walfang allgemein »Grönlandfahrt« genannt wurde, auch als der geografische Irrtum korrigiert war. Kleine hiesige Küstenschiffe brachten die Walfänger ab Mitte Februar nach Amsterdam und ab 1644, als die Hamburger begannen, Walfangschiffe einzusetzen, auch nach Hamburg. In den Ausgangshäfen rüstete die angeheuerte Besatzung ihr Walfangschiff aus, was einige Wochen in Anspruch nahm, und segelte dann mit günstigem Wind über die Nordsee hinauf in das Eismeer. Ein Walfangschiff hatte wegen der Verarbeitung erbeuteter Wale eine relativ große Besatzung, etwa 40 bis 50 Mann, wobei sich Föhrer Commandeure bemühten, möglichst Männer ihrer Heimatinsel an Bord zu nehmen.

Der Walfang spielte sich folgendermaßen ab. Im Eismeere angelangt, stieg der Commandeur in das »Krähennest«, einer Art Auslugtonne im Großmast. Sobald er einen Wal erspähte, ertönte das Kommando »Fall«. Schaluppen, größere Ruderboote, deren 5–6 ein Mutterschiff mit sich führte, wurde in Eile zu Wasser gelassen.

Jedes Boot hatte seine feste Besatzung, und während die Rudermannschaft die Schaluppe bis in die unmittelbare Nähe des Wales dirigierte, stand am Bug der Harpunier mit seiner Lanze. Aus nächster Nähe wurde die Harpune in den riesigen Körper des arglosen Wales geschleudert und dann legte sich die Rudermannschaft in die Riemen, um vom Wal freizukommen. Denn nicht selten geschah es, daß der verwundete und flüchtende Wal das Boot mit seiner Mannschaft mit einem Schlag seiner Schwanzflosse zerschmetterte.

Die Harpune war mittels einer langen Leine mit der Schaluppe verbunden. Der Wal nahm das Boot in Schlepp und wurde so lange gehetzt, bis er ermattet an die Oberfläche kam und mit einer langen Lanze erlegt werden konnte.

Der getötete Wal wurde zum Mutterschiff gerudert, wo mittels Flaschenzügen und Speckmessern die umfangreiche Speckschicht abgeflenst wurde. Zunächst wurde der Speck gleich an Ort und Stelle, in Stationen auf Spitzbergen, zu Tran ausgekocht. Später wurde der Speck in Tonnen eingesalzen und zum Auskochen in die Heimat gebracht.

Während die einfache Mannschaft nur eine feste Heuer erhielt, waren die höheren Ränge am Fangerlös beteiligt. Das Bestreben der Insulaner war deshalb, in eine höhere Position zu kommen. Das war einmal durch seemännische Tüchtigkeit, aber auch durch navigatorische Ausbildung möglich. Es entwickelte sich deshalb im Winter, wenn die Grönlandfahrer zu Hause waren, ein reges Schulleben. Erfahrene Commandeure und Pastoren, darunter besonders der Pastor Richard Petri an der St. Laurentii-Kirche erteilten gegen ein kleines Entgelt oder kostenlos Unterricht in navigatorisch wichtigen Fächern.

Der Lohn dieser Bemühungen blieb nicht aus. Von den rund 4500 Einwohnern der Insel Föhr im Jahre 1760 fuhren rund 1500 zur See. Das war nahezu die gesamte männliche Bevölkerung. Unter diesen Seefahrern gab es im genannten Jahr 64 Commandeure und Kapitäne sowie etwa 300 Steuerleute und Harpuniere. Um 1770 wurden nicht weniger als 1500 Schiffsführer auf Föhr gezählt, die teilweise in Amsterdam und Hamburg, aber auch in Kopenhagen regelrecht dominierten. Sogar die Seefahrernation England bediente sich zeitweilig der Erfahrung Föhrer Grönlandcommandeure. Der bekannteste unter allen war Matthias (Matz) Petersen aus Oldsum, geboren 1632. Als Führer Hamburger und Amsterdamer Walfänger erbeutete er in seinem Berufsleben nicht weniger als 373 Wale, etwa das doppelte bis dreifache anderer Commandeure seiner Zeit. Er erhielt deshalb den Beinamen »Glücklicher Matthias«.

Doch darf nicht verkannt werden, daß der Walfang, ebenso die spätere Handelsseefahrt, vielen Familien Unglück brachte. Unwetter und Eis, Klima und Krankheiten bedrohten die Seefahrer, und zahlreiche Männer kamen um, so daß es in jener Zeit viele unversorgte Witwen und Waisen gab. Selbst die Hin- und Rückfahrten im Frühjahr und Herbst zu den holländischen oder hanseatischen Ausgangshäfen waren nicht ungefährlich. So kenterte im Herbst des Jahres 1744 das Schmackschiff des Föhrers Pay Melfs mit 200 heimkehrenden Seefahrern angesichts der Heimat vor dem Kniepsand von Amrum. Niemand überlebte dieses Unglück, und von Föhr und den Halligen fuhren die Angehörigen nach Amrum, um die angetriebenen Toten heimzuholen.

Gegen Ende des 18. Jahrhunderts geriet der Walfang in eine kritische Phase. Durch den Jahrhunderte dauernden Raubbau war der Bestand so dezimiert, daß immer neue Fanggründe, darunter auch die David-Straße westlich von Grönland, aufgesucht und die Walfangschiffe sich immer weiter hinein in das Eis wagen mußten, um Beute zu machen. Immer häufiger kehrten die Schiffe ohne Ertrag in die Heimat zurück, so daß nun neben dem Walfang auch der Robbenschlag betrieben wurde. Aber auch die damaligen Riesenrudel der arktischen Robbenarten waren bald ausgerottet, so daß sich für

Walfang im Eismeer – Der Harpunier schleudert seine Lanze

»Vom Eise besetzt« und verloren gegangen – Schicksal vieler Walfangschiffe

die Reeder der europäischen Hafenstädte das Senden von Schiffen in das Eismeer nicht mehr lohnte.

Völlig lahmgelegt wurden die »Grönlandfahrten« dann durch die Napoleonischen Kriegswirren eben nach 1800. Erst in den 1820er Jahren blühten Walfang und Robbenschlag noch einmal auf. Von Altona und Flensburg sowie einigen anderen Hafenstädten wurden Schiffe in das Eismeer gesandt, und noch einmal dominierten Commandeure von Föhr. Aber in den 1860er Jahren waren die »Grönlandfahrten« endgültig vorbei, nicht zuletzt weil auch der Tran als Schmiermittel und Brennstoff in Laternen und Stubenleuchten durch die Entdeckung anderer Produkte (Gas, Petroleum) seine Bedeutung verlor.

Handelsseefahrt

Schon vor dem Walfang, aber auch als dieser im höchsten Flore stand, hatte die Handelsseefahrt für die Inselfriesen eine große Rolle gespielt. Zunächst bezog sich diese Seefahrt mit eigenen Küstenfrachtern (Galioten, Kuffschiffen, später Schmackschiffen) auf den Bereich der Nordsee bis Norwegen, Groß-Britannien, Irland und Holland sowie Ems, Weser und Elbe und zu Ostseehäfen. Dabei waren die Schiffsführer (Schiffer) oft auch gleichzeitig Eigentümer ihres Schiffes.

Im Laufe des 18. Jahrhunderts trat dann aber zunehmend die große Handelsfahrt nach Westindien und Ostindien und schließlich zur Westküste von Südamerika, nach Australien und Afrika und mit Auswanderern und Frachtgut nach Nordamerika in den Vordergrund des inselfriesischen Seefahrerlebens. Und auch dabei spielten Föhrer Kapitäne und sonstige Mannschaften eine hervorragende Rolle. Schwerpunkte der Großen Fahrt waren zunächst wieder holländische Städte, dann aber Kopenhagen und die bis 1864 noch zum dänischen Gesamtstaat gehörende Stadt Altona. Im Laufe des 19. Jahrhunderts konzentrierte sich die Seefahrt zunehmend auf Hamburg und dessen rasch wachsende Überseeflotte. Eine besondere Beziehung entstand zwischen der Hamburger Reederei Sloman und Föhr, waren doch beide Brüder mit Töchtern des Föhrer Navigationslehrers Hinrich Brarens verheiratet. Jahrzehntelang führten Föhrer Kapitäne die Auswandererschiffe von Sloman nach Nord-

Handelsschiff von Altona, Kapt. J.B. Friedrichs, Föhr

Laeisz-Segler »Pamir«, Kapt. Carl Brockhöfft, Föhr

amerika. Und ein Föhrer Kapitän, Paul N. Paulsen, erhielt 1850 das Kommando auf den ersten Überseedampfer dieser Reederei.

Aber auch in anderen Häfen, beispielsweise in Rendsburg, dominierten Kapitäne der Insel Föhr. Jedenfalls hat es keine andere Landschaft in Europa gegeben, aus der so viele Commandeure und Kapitäne stammten, wie von Föhr. Doch gab es auch Föhrer, die eigene Schiffe oder Parten in Schiffen besaßen, so auch der genannte Matthias Petersen.

Die Handelsseefahrt führte die Föhrer über alle Ozeane in die fernsten Winkel unserer Erde, und auch hier kam es wegen des Verdienstes darauf an, einen höheren Mannschaftsrang zu bekleiden, »so daß die Navigationsschulen auf den Inseln noch eifriger besucht wurden als früher«. Doch die Handelsseefahrt änderte die Lebensverhältnisse der Insulaner. Während die Walfänger nur einige Monate unterwegs waren und im Herbst geschlossen auf ihre Heimatinsel zurückkehrten, dauerten die Reisen der Handelsschiffe Jahre. In der Regel gab es nur kurzfristige Gelegenheiten, die Heimatinsel zu besuchen. Deshalb nahm mancher Kapitän seine Familie mit an Bord. Chronisten jener Zeit bemerken, »daß die einfachen Inselfriesen mit der großen Welt in Berührung kamen, mancherlei fremde Sitten annahmen und neue Moden auf die Inseln brachten, wozu die Grönlandfahrt keine Gelegenheit bot«.

Charakteristisch für die jahrhundertelange Seefahrerzeit war auch die »Verhollandisierung« der inseltypischen Namen. Aus Arfsten wurde Arians, aus Nickelsen Cornelisen, aus Knudten Claasen, aus Rauert und Rörden Riewerts usw., so daß eine Identifizierung in den Akten holländischer, hanseatischer und dänischer Archive nicht immer leicht ist.

Auch die Handelsseefahrt hatte viele Gefahren. Skorbut, die gefürchtete Mangelkrankheit, unter der auch schon die Walfänger zu leiden hatten, Klima und Krankheiten tropischer Länder, Stürme und Taifune, vor allem bei der Umrundung des gefürchteten Kap Horns sowie Kaperer und Seeräuber, die Schiffe überfielen und raubten, die Besatzungen ermordeten oder als Sklaven verkauften. Von diesen Schicksalen wurden auch zahlreiche Föhrer Seefahrer betroffen, darunter auch der »Glückliche Matthias«, der eines seiner Schiffe an einen französischen Kaperer verlor und für 8000 Taler wieder freikaufen mußte. Bei dem vorangegangenen Gefecht wurden zwei von seinen Söhnen erschossen. Ein dritter Sohn kam in Gefangenschaft um. Und wie schon in der Walfangzeit war die Todesrate unter den Handelsseefahrern zeitweilig höher als unter den Soldaten der beiden Weltkriege.

Die Napoleonischen Kriegswirren, insbesondere der Krieg zwischen England und Dänemark von 1807–1814 legte auch die Handelsseefahrt lahm und viele Föhrer wandten sich verstärkt der Landwirtschaft zu. Aber von etwa 1820 an schreiben sich wieder zahlreiche Föhrer Kapitäne und sonstige Seefahrer in die Musterungsrollen von Reedern, insbesondere in Hafenstädten des dänischen Gesamtstaates ein, und die Seefahrt erreichte für die Inselfriesen wieder einen bedeutenden Rang.

Ein neues Hindernis hinsichtlich der Hinwendung zur Seefahrt bedeutete der Staatswechsel von Dänemark zu Preußen bzw. zum Deutschen Reich 1864. Die Inselfriesen verloren das 1735 vom dänischen König Christian VI. erteilte Privileg »für ewige Zeiten von allen Kriegsdiensten zu Lande« befreit zu sein. Nun hieß es: »Jeder Preuße hat zu dienen«, und viele Junginsulaner wählten den Weg der Auswanderung nach Amerika. Ein zweites Hindernis war die Aufhebung der privaten Navigationsschulen auf Föhr, verbunden mit der Verordnung und entsprechenden Kosten, staatliche Schulen auf dem Festlande (Flensburg, Hamburg) zu besuchen.

Trotzdem gab es dann aber vor und nach 1900 noch etliche Föhrer Kapitäne, vor allem in Hamburg, das in dieser Zeit zum größten europäischen Handelshafen geworden war. Sie führten insbesondere Tiefwassersegler mit Stückgut von Hamburg oder Kohlen von England zur Westküste von Südamerika und kamen mit Salpeter beladen zurück. Hin- und Rückreise dauerten durchschnittlich 220–240 Tage, wobei jeweils das berüchtigte Kap Hoorn umrundet werden mußte. Welche Strapazen Schiff und Mannschaft dabei zu überstehen hatten, dokumentiert die Reise der Hamburger Bark »Susanna«, geführt von Kapitän Christian Simon Jürgens aus Dunsum, Föhr. Im Jahre 1905 benötigte das Schiff allein 99 Tage für die Umrundung des Kap Hoorns.

Etliche Kapitäne standen im Dienst der bekannten Reederei Laeisz. Aber als dann durch den Ersten Weltkrieg (1914–18) die Segelschiffe von den Weltmeeren verschwanden, »bedankten« fast alle Föhrer die See. Letzter Föhrer Segelschiffskapitän war Carl Brockhöfft, der bis 1930 Laeisz-Segler führte.

Landwirtschaft

Viehzucht und Getreideanbau waren die Ernährungsgrundlagen der Inselbevölkerung von der Vorzeit bis zum Ende des Mittelalters. Aber mit der Hinwendung der Föhrer zur Seefahrt in der ersten Hälfte des 17. Jahrhunderts wurde die Landwirtschaft nur noch ein Nebenerwerb, betrieben von den Frauen, deren Männer zur See fuhren oder von einigen wenigen Mannspersonen, die für die Seefahrt nicht tauglich waren.

Erst die Krise der Seefahrt nach 1800 zwang die Insulaner, sich auf dem eigenen Boden zu ernähren, und von Beginn des 19. Jahrhunderts an wurde Bauer ein Beruf. Bis dahin mußte die Insel Föhr für die Ernährung der Bevölkerung noch jährlich für mehrere tausend Taler Vieh und Getreide einführen.

Begünstigt wurde die Landwirtschaft durch die vom dänischen König Christian VII. verordnetee Aufhebung der Feldgemeinschaft, auch »Landaufteilung« genannt, obwohl es keine Landaufteilung in dem Sinne war. Das bisher von den Landbesitzern nach den ererbten oder erworbenen Rechten und Anteilen der Interessenten und überwiegend in Gemeinschaft genutzte Land, wurde nun in einem zeitaufwendigen und für die Landeigentümer kostspieligen Verfahren aufgemessen, zusammengefaßt und zum dauernden Besitz verteilt.

Bis dahin war die Landwirtschaft auf Föhr nach den Regeln altgermanischer Feldgemeinschaft betrieben worden. Die Geest war »Daielklun«, Täglichland, und wurde von den Interessenten entsprechend ihren Anteilsquoten in »Amerlun« im Wechsel mit Gerste und Roggen bestellt. Ebenfalls auf der Geest lag das »Wongelun«, das Wechselland, das wegen seiner Dürftigkeit nur etwa alle 15–20 Jahre für drei Jahre mit Roggen besät und dann wieder als Weide genutzt wurde oder als Brachland liegen blieb, so daß sich dort bald Heide ausbreitete. Die Marsch, durch Gräben und natürliche wasserläufe unterteilt, aber nur unzureichend durch Wege erschlossen, war in »Gräsungs- und Meedeland« eingeteilt, und wurde als Viehweide und für die Heumahd genutzt.

Die Nutzung der Ländereien erfolgte auf der Grundlage uralter Raum- und Flächenmaße, deren Ursprung teilweise nicht mehr erklärbar ist. Für Ackerland galt als Maß »Amerlun«, Eimer-Land. Doch läßt sich die bisherige Erklärung, daß es sich hierbei um eine Fläche handelt, die zur Bestellung einen Eimer Saat benötigt, nach

Alter Bauernhof bei Midlum . . .

. . . Aussiedlerhof in der Föhrer Marsch

Feststellung von Brar C. Roeloffs nicht aufrecht erhalten. Ebenso unhaltbar ist die bisherige Annahme, daß es sich bei einem »Bältring«, dem Anteilsmaß am Weideland, um eine Fläche handelt, die eine Kuh als tägliche Weide gebraucht. Lediglich das Heu-Maß »Läästaal«, Lastzahl, für die Heumenge eines Heuwagens (Fooderwaanj = Fuderwagen) ist demnach zutreffend.

Diese komplizierte Landwirtschaft wurde reguliert durch die »Bauernbeliebungen« einer jeden Dorf- bzw. Bauernschaft, und der Beginn der gemeinschaftlichen Feldarbeiten sowie der Viehauftrieb wurde von den Bauernvögten angeordnet.

Die Aufhebung dieser Feldgemeinschaft erfolgte auf Osterland-Föhr im Jahre 1772 und zwar gegen den ausdrücklichen Protest der Beteiligten, die lieber an den alten Regeln festhalten wollten und die Beeinträchtigung des Gemeinschaftssinnes befürchteten. Doch bald zeigte sich der von den Behörden vorausberechnete Erfolg. Auf den in größeren Schlägen zusammengefaßten Individualbesitz wurde sorgfältiger und intensiver gewirtschaftet. Osterland-Föhr war bald in der Lage, sich selbst mit landwirtschaftlichen Produkten zu versorgen und noch nach Westerland-Föhr und Amrum zu verkaufen. Auf Westerland-Föhr erfolgte die »Landaufteilung« zwischen 1799 und 1801.

Die Landwirtschaft errang im Laufe des 19. Jahrhunderts eine immer größere Bedeutung. Nach Ocke Nerong gab es im Jahre 1773 in Wrixum noch 335 Seefahrende, im Jahre 1840 jedoch nur noch 40, dafür aber 123 Landwirte. Ähnlich waren die Verhältnisse in den anderen Dörfern. Die Seefahrer-Insel Föhr entwickelte sich zu einer Bauern-Insel, lediglich Wyk machte als Seebad eine Ausnahme.

Die Landwirtschaft ist dann bis in die Gegenwart in den Föhrer Dörfern der dominierende Wirtschaftsfaktor geblieben. Erst in jüngster Zeit hat sich in einigen Dörfern der Fremdenverkehr einen gleichen Rang im Erwerbsleben gesichert.

Eine ganz neue Entwicklung verzeichnete die Föhrer Landwirtschaft nach dem Jahre 1960. In diesem Jahre begann die Flurbereinigung der fast 15 000 Flurstücke. Die Entwässerung der Marsch wurde neu geregelt, und zahlreiche Sumpf- und Schilfniederungen urbar gemacht. Die Marsch erhielt ein Wegesystem mit asphaltierten Straßen, und aus den Dörfern wurden zahlreiche Bauernstellen, 50 bis zum Jahre 1970, ausgesiedelt, davon reichlich die Hälfte in die Marsch. Bis dahin hatte nur ein einziger Hof, der »Ackerum-Hof«, in

Kornfelder und Kirchtürme prägen die Landschaft von Föhr

Mähdrescher im Einsatz bei der Getreideernte

der Marsch gelegen, die nun durch die Aussiedlung und den Bau der Zweckhöfe ein ganz anderes Gesicht erhielt.

Stark verbessert wurde die fachliche Ausbildung der Föhrer Landwirte durch die Landwirtschaftsschule in Wyk und den angeschlossenen Vereinen. Verbessert wurde auch das Genossenschaftswesen zum Zwecke des Einkaufes von Betriebsmitteln und dem Absatz der Agrarprodukte. Dank des Fremdenverkehrs setzen die Föhrer Landwirte einen großen Teil ihrer Erzeugnisse direkt auf Föhr und auf der Nachbarinsel Amrum ab. Außerhalb der Saison erfolgt die Ausfuhr zum Festlande. Die früheren Meiereien von Oldsum, Borgsum und Midlum sind seit 1971 zur »Insel-Meierei« in einem Neubau bei Oevenum zusammengeschlossen.

Die »Insel-Meierei« fusionierte 1989 aus Rentabilitätsgründen zunächst mit Nordhackstedt und endlich mit der Adelbyer Meierei. Unverändert liefern rund 2000 Kühe im Winter täglich rund 51 000 Liter Milch, im Sommer entsprechend mehr, von denen 1000 Liter zu Trinkmilch, 2000 zu Butter verarbeitet und der Rest von 48 000 Litern zu hochwertigem Milchpulver eingedampft wird. Unverändert werden die Inseln Föhr und Amrum nebst deren zahlreichen Sommergästen mit entsprechenden Produkten versorgt. Im Statistischen Bericht über die Agrarstruktur 1991 in Schleswig-Holstein, werden für Föhr nachstehende Daten genannt: Betriebe: 200 – Betriebsfläche: 6525 Hektar, davon als Grünland genutzt 5161 ha, als Acker 1225 ha, für Hackfruchtanbau 37 ha, für Futterpflanzen 239 ha. Beim Anbau dominiert Weizen, gefolgt von Gerste, Roggen und Hafer.

Von den oben genannten Betrieben halten 134 rund 11 320 Stück Rindvieh, darunter 3400 Milchkühe. Die Schweinehaltung ist mit rund 1500 Tieren vertreten, wobei insbesondere ein Betrieb in Borgsum ins Gewicht fällt. In Borgsum konzentriert sich auch die Haltung von Legehennen. Von den knapp 17 000 Legehennen auf Föhr meldet Borgsum über 16 000.

Nicht genannt werden die Tausenden von Schafen, die den Deich bevölkern und dort als »Rasenmäher« eine große Rolle spielen sowie die Herden, die das Vorland beweiden.

Die Oldsumer Mühle

Die Mühlen von Föhr

Vier Mühlen schmücken gegenwärtig das Landschaftsbild von Föhr, – die Mühle von Wyk, die restaurierte Mühle von Wrixum, die in den Jahren 1971/72 aus Ruinenresten ganz neu aufgebaute Mühle bei Oldsum und die, ebenfalls aus einem Torso im Jahre 1991 erneuerte Mühle, bei Borgsum. Alle vier sind jedoch nicht in Betrieb, einige aber betriebsfähig. So zeigen die Mühlen vor allem das äußere Bild, während das Innere Wohn- oder Ausstellungszwecken dient.

Früher hatte fast jedes Föhrer Dorf eine Mühle. In Westerland-Föhr gab es Mühlen bei Toftum, Oldsum, Utersum, Borgsum und Goting, bis Ende des 19. Jahrhunderts auch bei Nieblum. Und auf Osterland-Föhr hatten Alkersum, Oevenum und Wrixum eine, Wyk sogar zwei Mühlen. Der Unterschied zwischen den Mühlen dieser beiden Harden lag in der Art des Besitzes und des Betriebes. Die Mühlen auf Osterland-Föhr waren Erbpachtmühlen im Besitz des Staates. Sie unterlagen dem Mühlenzwang, einer streng gehandhabten Bestimmung, die alle Einwohner zwang, ihr Korn in der Mühle ihres Bezirkes verarbeiten zu lassen. Die Mühlen auf Westerland-Föhr gehörten jedoch einzelnen Müllern oder Genossenschaften und waren vom Mühlenzwang frei. Erst um die Mitte des vorigen Jahrhunderts wurde der Mühlenzwang aufgehoben und die Erbpachtmühlen von den Mühlenpächtern erworben. Mindestens seit dem 15. Jahrhundert gab es Mühlen auf Föhr, doch handelt es sich zunächst um Bockmühlen. Die größeren Holländer- und Erdholländermühlen wurden erst im 18. und 19. Jahrhundert erbaut. Das »Mühlensterben« begann dann nach dem letzten Weltkrieg, als die Mühlen durch die technische Entwicklung entweder überflüssig oder unrentabel wurden. Kurz gefaßt, verzeichneten die Föhrer Mühlen in den einzelnen Orten folgende Geschichte:

Wyk: Im Jahre 1738 wurde auf dem Sandwall eine Bockmühle errichtet, die bis zum Jahre 1817 bestand. Eine zweite Mühle wurde im Jahre 1745 erbaut, wobei es sich ebenfalls um eine Bockmühle handelte. Sie wurde um 1830 durch eine Holländermühle abgelöst, die 800 Mühlenzwangsgäste hatte. Die reetgedeckte Mühle wurde 1878 durch Blitzschlag eingeäschert, jedoch im Jahre darauf in der heute noch bestehenden Form wieder aufgebaut. Der Betrieb wurde im Jahre 1921 eingestellt, die Mühle verkauft und für Wohnzwecke

Die Mühle von Wyk

Die Mühle von Wrixum

umgestaltet. Über den langjährigen Besitz der Familie Langenbeck gelangte die Wyker Mühle in den Besitz von Rolf Hatlapa und schließlich des Architekten Horst Petersen, der 1985 für einigen Aufruhr sorgte, als er mit der Versetzung der Mühle zum Festlande drohte, aber dann doch – nach einer finanziellen Beihilfe durch die Stadt, die um das Wahrzeichen besorgt war, in Wyk blieb.

Wrixum: Bereits im Jahre 1464 hatte Wrixum eine Mühle. Sie wurde 1660 umgeweht und erschlug dabei den Müller. Ein besonders schöner Grabstein auf dem Friedhof von St. Nicolai, mit drei Mühlen im Giebel, berichtet vom Müller Hans Christiansen, der von 1739 an Besitzer der Wrixumer Mühle war und 1745 die Wyker Mühle erbaute. Über drei Generationen hinweg blieb die Erbpacht in der Familie, bis sie im Jahre 1810 infolge eines Konkurses abgegeben werden mußte. Im Oktober 1850 brannte die Mühle durch Brandstiftung eines dänischen Soldaten ab. Daraufhin wurde die heutige, achtkantige Holländermühle erbaut, die bis 1960 in Betrieb war. Durch den Besitzer W. Amerongen wurde die schon verfallende Mühle 1971 zunächst äußerlich restauriert. Als die Mühle dann in den Besitz des Schlachters Hans-Otto Buth kam, wurde auch die innere Konstruktion durch den Mühlenbauer Bahnsen wiederhergestellt, und gelegentlich drehen sich noch die Flügel. Ein kleines Mühlenmuseum in der eigentlichen Mühle, 1983 eingerichtet, informiert über das Müllerhandwerk, während der ehemalige Werkraum 1987 mit einem gemütlichen Lokal versehen wurde.

Alkersum: Erste Nachrichten über die dortige Mühle stammen aus dem Jahre 1768. Als Zwangsgäste gehörten die Einwohner von Midlum und Oster-Nieblum zur Alkersumer Mühle, die dennoch viele Existenzschwierigkeiten hatte, wie Eingaben um Pachterlaß beweisen. Die Mühle brannte im Jahre 1931 ab.

Oevenum: Die Mühle von Oevenum wurde um 1700 errichtet. Das Dorf hatte damals 400 Einwohner, doch gehörten auch einige Einwohner von Midlum und Wrixum als Zwangsgäste zur Oevenumer Mühle. Im Jahre 1929 wurde der Erdholländer wegen Unrentabilität abgebrochen.

Toftum: In Toftum stand bis zur Jahrhundertwende nur eine Bockmühle, die vermutlich um 1700 als Genossenschaftsmühle erbaut wurde. Im Jahre 1901 kaufte der Müller Jacob Matzen eine Holländermühle bei Segeberg und baute sie eben westwärts der Bockmühle wieder auf. Die Bockmühle wurde bald darauf abgebrochen. Die

Alte Bockmühle auf Föhr

neue Mühle arbeitete bis 1948 mit Windkraft. 1958 brannte die Mühle infolge eines Kabeldefektes ab.

Oldsum: Die Oldsumer Mühle war ebenfalls eine Genossenschaftsmühle und behielt diese Betriebsform etwa von 1700 bis 1900. Im Jahre 1900 brannte die Mühle ab, und die Genossenschaft* löste sich auf. Daraufhin baute der Kapitän Boy Rickmers für seinen Sohn eine neue Mühle, die 1954 ihren Betrieb einstellte. Sie verfiel, und ist von Dr. Preisler gekauft und als Museumsmühle mit Wohnung in den Jahren 1971/72 wieder aufgebaut worden.

Utersum: Die ursprüngliche Mühle von Utersum, bereits Ende des 17. Jahrhunderts erwähnt, wurde im Jahre 1850 ebenfalls durch Brandstiftung des schon erwähnten dänischen Soldaten vernichtet. Eine neue Bockmühle wurde daraufhin westlich des Dorfes errichtet. Als die Mühle sich im Jahre 1894 bei heftigem Wind heiß lief, weil der Müller eingeschlafen war, brannte sie bis auf einige Balken ab.

Goting: Der gleiche Blitz, der die Borgsumer Mühle in Brand setzte, legte auch die Mühle von Goting in Asche. Eine neue Mühle mit

Die neue Mühle bei Borgsum

auffallend langen Flügeln wurde im Jahre 1896 aufgebaut. Als der letzte Müller im Jahre 1924 die Mühle verpachtete, um für einige Jahre nach Amerika auszuwandern, fand er bei seiner Rückkehr einen flügellosen Torso vor, der 1929 abgebrochen wurde.

Borgsum: Im Jahre 1744 errichtete der aus Jütland stammende Müller Niels Petersen Hvar eine Bockmühle, die über 130 Jahre im Familienbesitz blieb. Ein Blitz äscherte im Jahre 1893 die Mühle ein. Daraufhin wurde auf dem Festland eine Mühle gekauft, die jedoch keine Windrose hatte, sondern mittels eines »Steerts« in die Windrichtung gedreht werden mußte. Sie war bis 1947 mit Windkraft in Betrieb, doch war die Mühle für den Betrieb an windstillen Tagen auch mit einem Motor ausgerüstet. Nach dem Tode des Müllers Cornelius Andresen (1952) übernahm sein Sohn Willi die Mühle und betrieb diese bis 1982. Im Gefolge einer Zwangsversteigerung geriet das Gewese in den Besitz eines Bochumers, der die unschöne Baracke neben der Mühle abbrach, aber den Mühlenrumpf verfallen ließ. Schließlich übernahm der Föhrer Otto Paulsen das Gewese und ließ 1991 die heutige Mühle errichten – als Schmuckstück der Föhrer Landschaft und sogar bedingt betriebsbereit.

Jagd, Fischfang und Entenkojen

Jagd und Fischfang haben als Ernährungsfaktor in früherer Zeit auf Föhr eine gewisse Bedeutung gehabt. Wenn es auch nur immer wenige Berufsfischer gegeben hat, so wurde doch von den Insulanern der Fischfang für den Eigenbedarf betrieben und zwar vor allem mittels »Fischgärten«. Hierbei handelte es sich um lange, meterhohe Zäune aus dicht an dicht gesetzten Stöcken, die v-förmig aufgestellt wurden. In der Spitze dieser Anlage befand sich eine Reuse, während die Öffnung gegen den Ebbstrom gerichtet war. Die bei Ebbe mit dem ablaufenden Wasser vom Watt in die Nordsee zurückschwimmenden Fische wurden längs der Zäune in die Reusen geleitet und bei Niedrigwasser, wenn der »Fischgarten« trocken lag, eingeborgen. Hauptsächlich wurden Hornfische, aber auch Schollen und Aale gefangen.

Die Jagd galt vor allem in älterer Zeit den durchziehenden Wildgänsen und Wildenten sowie den zahlreichen Wattvögeln. Dafür wurden früher Stell- und Klappnetze benutzt, ehe man zum Gebrauch der Flinte fand. Die Jagd auf Wassergeflügel, Fasane, Hasen und Wildkaninchen spielt auch heute noch eine große Rolle auf Föhr. Die Strecken sind durchweg beachtlich. Es gibt Treibjagden auf Föhr, auf denen bis zu 400 Stück Wild erlegt werden. Auch Rehwild ist seit 1935 auf Föhr vorhanden.

Eine besondere Beachtung verdienen jedoch die sechs Vogelkojen, die wie »Wäldchen« in der Marsch liegen. Fünf davon besitzen noch die Fangkonzession und sind in Betrieb, um den Entenfang zu betreiben. Vogelkojen, oder richtiger Entenkojen, waren ursprünglich eine holländische Einrichtung. Durch die Berührung mit Holland wurden die nordfriesischen Seefahrer zu Beginn des 18. Jahrhunderts auf diese einfache Art des Entenfanges aufmerksam. Einige Föhrer nahmen sich die Zeit, um Anlage und Fang zu studieren, und errichteten dann im Jahre 1730 auf der Gemarkung der Gemeinde Oevenum an der Nordostküste unmittelbar hinter dem Deich eine Entenkoje. Diesem Vorbild entsprechend wurden später weitere Entenkojen angelegt und zwar 1745 bei Borgsum östlich der

Lembecksburg, 1766 am Ackerumhof, 1789 eine neue Oevenumer Koje an der Ostküste, 1862 am Oldsumer Deich und 1887 auf Näshorn, Gemarkung Boldixum.

Die Anlage erforderte eine königliche oder staatliche Konzession und erfolgte in der Regel auf der Basis einer Partnerschaft, einem zunächst kleinen Kreis von Interessenten, der sich jedoch später durch Teilung der Parten und durch Erbpacht vergrößerte. Die Kosten für die Erstellung einer Kojenanlage waren nicht gering. Der Kauf eines entsprechenden Geländes, umfangreiche Erdarbeiten für den Teich, für die Fangkanäle (»Pfeifen«) und für den Kojengraben waren nötig. Ferner mußte ein Wärterhaus erbaut, Netze und Stellagen für die vier »Pfeifen« angeschafft und Bäume gepflanzt werden. Die Oldsumer Koje z.B. kostete 5000 Taler.

Den Parten entsprechend erfolgte die Verteilung des Fanges, wobei als Berechnungsgrundlage die kleinste, die Krickente, als eine Einheit genommen wurde. Die Pfeifente galt demnach als 1 1/2, Spieß- und Stockenten als 2 Einheiten. Dabei wurde der Fang jedoch nicht täglich auf alle vorhandenen Parten verteilt, vielmehr hatten die einzelnen Parten ihre bestimmten Fangtage.

Die Fangergebnisse waren im 18. und 19. Jahrhundert sehr gut, wenn auch von Koje zu Koje verschieden. Am erfolgreichsten war die alte Oevenumer, die seit ihrem Bestehen über 3 Millionen Wildenten fing. Ein außergewöhnliches Ergebnis brachte das Jahr 1769 mit 67 000 Enten. Die Enten wurden zum Teil als Wintervorrat eingepökelt, zum Teil exportiert. In Wyk wurde zu diesem Zweck eine Konservenfabrik eingerichtet. Sie bestand noch bis zum Jahre 1931.

Die Kojenmänner mußten einen umfangreichen Vertrag über ihre Tätigkeit und ihr Verhalten unterschreiben. Beispielsweise war Alkohol während der Fangzeit streng verboten. In der Regel erhielten die Kojenmänner für jede gefangene Ente eine Prämie, so daß sie mit entsprechendem Eifer ihre Aufgabe erfüllten. Während der Fangzeit – sie begann Anfang September, wenn aus dem Norden die Scharen der ziehenden Wildenten auftauchten, und endete bei Eintritt des Frostes etwa Mitte bis Ende November – hauste der Kojenmann ständig im kleinen Kojenhäuschen.

Der Erfolg des Fanges hing nicht zuletzt von der Ruhe im Bereich der Vogelkoje ab. Es war deshalb streng verboten, während der Fangzeit in einem bestimmten Umkreis Lärm zu machen. Als z.B. im Jahre 1875 einige Kurgäste von Wyk mit schweren Flinten im Watt

Vogelkoje am Deich von Föhr

Der Kojenmann richtet die Fanganlage ein

auf Entenfang gingen, hatte die Kojen auf Osterland-Föhr beachtliche Fangausfälle zu beklagen, und wandte sich an die Regierung, die ihnen Recht gab.

Unruhe und Lärm wurden dann auch für den starken Rückgang der Fänge nach dem Zweiten Weltkrieg verantwortlich gemacht. Doch darf nicht verkannt werden, daß der jahrhundertelange Massenfang entlang der gesamten Nordseeküste von Dänemark bis Holland und England Auswirkungen zeigte. Staatlicherseits erhielten die Vogelkojen im Deutschen Reich erstmals Auflagen und Beschränkungen durch die Reichsjagd- und Naturschutzgesetze 1934/35.

1950 wurde der Massenfang von Wildenten auf einer Vereinbarung teilnehmender Länder in Paris völlig verboten, aber 1963 wieder zugelassen und 1979 von der Verbotsliste gestrichen. In dieser Zeit wurde sowohl der historische als auch der biologische Wert der Kojen anerkannt, die nicht nur dem Wildentenfang dienten, sondern außerhalb der Fangzeit auch Ruhezonen und Naturoasen in einer sonst intensiv genutzten Landschaft waren. Die Föhrer Kojen wurden deshalb unter Naturschutz gestellt. Hinzu kam die Tatsache, daß sich einige Entenarten, vor allem Stock- und Pfeifenten, wieder übermäßig vermehrten und eine gewisse Regulierung durch die Vogelkojen keineswegs als schädlich, sondern sogar als erforderlich erkannt wurde. Während beispielsweise in der Bundesrepublik Deutschland im Jahresmittel um die 600 000 Wildenten erlegt werden, fingen die Föhrer Vogelkojen 1991 insgesamt nur 919 Enten, darunter 747 Stockenten, 49 Spießenten, 78 Pfeifenten und 45 Krickenten.

Nach jahrelangen Auseinandersetzungen zwischen Naturschutz – Funktionären und Behörden einerseits sowie den Kojeninhabern andererseits, wurde die Fangmenge Mitte der 1990er Jahre auf insgesamt 600 Enten beschränkt, wobei nur noch Stockenten gefangen werden dürfen. Eine angestrebte völlige Stillegung der vier noch fangbereiten Vogelkojen und damit deren Verfall verhinderte aber die Initiative von Heie Martens-Sönksen, dem es gelang, die Vogelkojen nach EG-Richtlinien im Jahre 1997 als »Naturdenkmale« eintragen zu lassen.

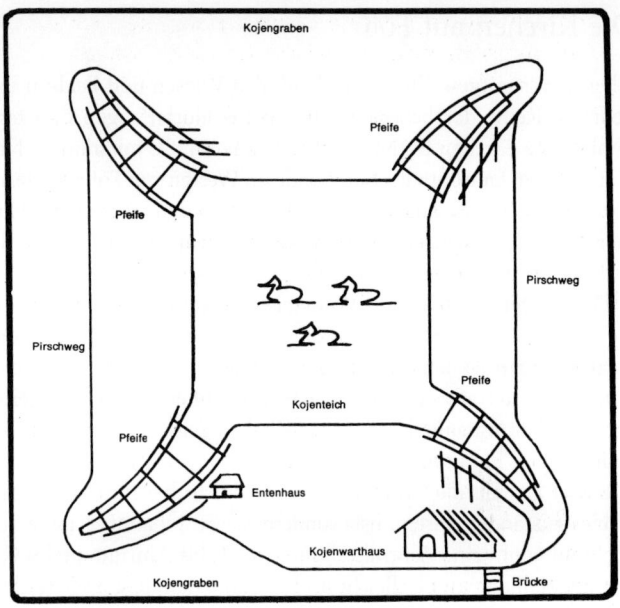

Das Fangsystem einer Föhrer Vogelkoje: Vom quadratischen Kojenteich zweigen bogenartige Seitenkanäle ab, die sogenannten »Pfeifen«. Diese Pfeifen sind mit Netzen allseitig umspannt, jedoch zum Teich hin offen. Die auf den Teich einfallenden Wildenten werden mittels Futter und Lockente in die Pfeife gelockt. Dann treibt der Kojenwärter, der sich zunächst hinter Schilfkulissen verbirgt, die Enten zum Pfeifenende, wo sich eine Reusenanlage befindet. Hier werden die Enten einzeln herausgeholt und »geringelt«, wie man das rasch und schmerzlos tötende Halsumdrehen nennt. Im »Entenhaus« werden die Lockenten, kupierte und gezähmte Wildenten, gehalten. Die Brücke über den breiten Graben ist während der Fangzeit von September bis Dezember hochgezogen, so daß niemand unbefugt die Kojenanlage betreten kann. Während der Fangzeit hat der Kojenwärter im Kojenhaus seine feste Wohnung.

Die Kirchen auf Föhr

Über dem sanftgewellten Geestland, den Wiesen und Feldern und über die Reihe der baumumsäumten Inseldörfer ragen drei feste Punkte: die Kirchen St. Nicolai bei Boldixum, St. Johannis in Nieblum und St. Laurentii bei Süderende im Westen von Föhr. Stolz heben sich die Türme aus dem Landschaftsbild und trotzen noch immer der Zeit, die gegenwärtig andere Großbauten und Türme der Technik an ihre Seite stellen will.

Die Föhrer Kirchen sind Wahrzeichen der Insel und werden es bleiben. Sie gehören zu den größten Dorfkirchen im Lande, und wenn man zurückdenkt an die Zeit um 1200, als die Kirchen entstanden, dann stellt sich die Frage, warum auf einer Insel mit geringer Bevölkerungszahl derart große Kirchen gebaut wurden und gebaut werden konnten.

Sicher ist, daß die Großkirchen von Föhr früher für ein größeres Gebiet zuständig waren. Insbesondere die St. Johannis-Kirche von Nieblum nahm eine Zentralstellung ein, die bis Amrum, in das Gebiet der Halligen und vielleicht bis Hoyer auf dem Festlande reichte. Daneben gab es noch weitere Tempel und Kapellen auf und um Föhr, deren Vielzahl sich vermutlich daraus erklärt, daß es den Bekehrern damals nur mühsam gelang, den alten Asaglauben aufzulösen und das Christentum einzuführen. Dabei wurden die vorhandenen heidnischen Tempel und Stätten nicht zerstört, sondern als christliche Kapellen benutzt, um der Bevölkerung den Übertritt zum neuen Glauben leichter zu machen.

Es kam aber noch bis in das 16. Jahrhundert hinein zu Rückfällen zum alten Asaglauben mit seinen Göttern Wotan, Thor, Aegir, Freya, Hel und anderen. Die Inselfriesen verweigerten dem neuen Glauben auch den Zölibat und den Kirchenzehnten. Deshalb erhielten die Kirchen entsprechenden Landbesitz, auf dem sich der Klerus durch Verpachtung oder eigene Landwirtschaft ernähren mußte. Doch wurden für kirchliche Handlungen entsprechende Gebühren bezahlt.

Die Reformation setzte sich auf Föhr schon um 1524 durch, gefördert von drei Föhrer Studenten, die von Wittenberg nach Hause kamen und auf einem »Kindelbier in Utersum mit den Mönchen allda in einen heftigen Disput gerieten«.

Urkundlich werden die Föhrer Kirchen erstmals im Jahre 1240 er-

St. Nicolai bei Boldixum

wähnt. Sicher sind sie schon älter, aber zunächst wird es sich, wie allgemein im Norden, um Holzbauten gehandelt haben. Der Bau fester Steinkirchen wurde erst möglich nach der vollständigen Bekehrung, der Einführung des Kirchenzehnten und der Organisation der nordischen Kirchenprovinz.

Die Türme mit ihren Satteldächern sind jüngeren Datums. Die Vergrößerung der Kirchenschiffe erfolgte teilweise im 14. Jahrhundert, und die Anbauten und Querhäuser wurden erst im 18. Jahrhundert errichtet. Der Bau solcher Kirchen bedeutete für die Bevölkerung eine nicht geringe Leistung und setzte einen gewissen Wohlstand voraus. Vielleicht hat die damals blühende Salzsiederei den Bau der drei Föhrer Kirchen begünstigt.

St. Nicolai zu Boldixum-Wyk
St. Nicolai liegt auf einer Geesthöhe am Westrand des Dorfes Boldixum. Ursprünglich stand die Kirche frei, erst in jüngster Zeit ist das Dorf rund um die Kirche gewachsen.

Als im Jahre 1707 der Nordflügel angebaut wurde, fand man im Dachstuhl einige Silbermünzen aus der Zeit Waldemars des Siegers, der von 1202 bis 1241 über Dänemark regierte. In dieser Zeit wird auch die Kirche entstanden sein. Sie bietet sich heute als spätromanischer Ziegelsteinbau mit eingeführten Granitquadern dar. Die Kirche besteht aus einem Schiff mit drei gewölbten Jochen, einem eingezogenen quadratischen Chor mit Apsis, eingezogenem Turm, einem Erweiterungsbau nach Norden sowie einem Anbau nach Süden.

Zur Ausstattung gehören: Altar von 1643, eine Arbeit von Johann von Stedesand mit Reliefs aus dem Leben Jesu, Taufstein aus dem 13. Jahrhundert mit Messingschale aus dem 16. Jahrhundert, Kanzel von 1630, Statue des heiligen Nicolaus aus dem 13. Jahrhundert, Kruzifix aus dem 17. Jahrhundert und eine Orgel von 1735.

Politische Geschichte machte die St. Nicolai-Kirche im Jahre 1426 durch eine Versammlung der Ratsmänner aus der Pellworm-, Beltring-, Wyriks-, Horsbüll- und Böckingharde, der Osterharde Föhr und Sylt. Die Ratsmänner einigten sich auf die »Siebenhardenbeliebung«, einer friesischen Gesetzgebung.

St. Johannis zu Nieblum

St. Johannis liegt, von hohen Bäumen eingerahmt, am Nordrand von Nieblum.Mit seinen Querhäusern ist St. Johannis die stattlichste der Föhrer Kirchen und hat ihren Beinamen »Friesendom« wohl verdient. Sie hat über 1000 Sitzplätze, die früher teilweise Familieneigentum waren oder kurz vor Jahresende durch das »Steedengriepen« verpachtet wurden. Am Tage danach fand ein Volksfest mit Tanzvergnügung statt, wozu sich auch Pastoren und Kirchenvorstände einfanden. Erst um 1890 hörte das Steedengriepen auf.

St. Johannis liegt zusammen mit St. Severin zu Keitum auf Sylt, der »Alten Kirche« zu Pellworm und der St. Magnus-Kirche zu Tating in Eiderstedt auf einer Nord-Südachse, wobei die einzelnen Kirchen einen fast gleichen Abstand zueinander haben. Die Legende erzählt, daß diese Kirchen von einem Baumeister gleichzeitig errichtet wurden, wobei der Baumeister mit seinem Pferd von Baustelle zu Baustelle ritt, was damals noch auf Grund des zusammenhängenden Landgebietes möglich war. Nur einige Priele mußten Roß und Reiter überwinden. In katholischer Zeit wirkten in St. Johannis neben dem Priester zeitweise sieben Diakone. Einer davon soll nach glaubwür-

St. Johannis – der »Friesendom in Nieblum«

Das Innere der St. Johannis-Kirche

St. Laurentii zwischen den Dörfern von Westerland-Föhr

Apsis und Altar der St. Laurentii-Kirche

diger Überlieferung bei Einführung der Reformation im Jahre 1524 bei Flutzeit den Ritt nach Amrum gewagt haben, um durch ein »Gottesurteil« die Richtigkeit des katholischen Glaubens zu beweisen. Der Diakon soll vorher gesagt haben, daß er nicht lebend zurückkehren wolle, wenn die neue Lehre die rechte sei. Glücklich überwand er das Wattenmeer, aber auf dem Rückweg fiel er bei Witsum vom Pferd und brach sich das Genick.

Die heutige Kirche ist ein Backsteinbau mit Verwendung von Granitquadern und Tuff aus einem abgebrochenen Haus. Der Turm ist ein Übergang vom romanischen zum gotischen Stil. Gegen Ende des 13. Jahrhunderts wurde das romanische Langschiff mit Chor und Apsis erweitert, wobei auch die Querhäuser entstanden. St. Johannis hat eine reiche Ausstattung. Dazu gehören: Fünfflügelaltar aus dem 15. Jahrhundert, ein Taufstein mit frühchristlichen Ornamenten aus dem 12. Jahrhundert, die Kanzel von 1618 aus der Flensburger Werkstatt Ringeling, ein Epitaph von 1633 aus der im Jahre 1634 versunkenen Kirche zu Königsbüll auf Altnordstrand, eine Holzstatue von Johannes dem Täufer aus dem 15. Jahrhundert und ein Sakramentschrank von 1487.

St. Laurentii

St. Laurentii, die Kirche im Westen von Föhr, liegt zwischen den Dörfern und zwar so, daß der Kirchweg von den Dörfern der Westerharde etwa gleich lang ist. Der romanische Grundbau ist mit Granitquadern aufgeführt und später mit Backsteinen nach Westen hin erweitert. Der Chor erhielt die Breite des Schiffes sowie eine Deckenwölbung. Die Apsis wurde neu errichtet und ein Querhaus zum Norden angefügt. Der Turm ist spätgotischen Ursprungs, heute mit Satteldach versehen. Doch lassen Giebelreste an der Turmspitze vermuten, daß der Turm früher ein Helmdach trug. Im Gegensatz zum gedämpften Licht in der St. Johannis-Kirche zeichnet sich das Innere der St. Laurentii-Kirche durch seine Lichtfülle aus, die durch die großen Südfenster hereinfällt.

Zur Ausstattung der Kirche gehören der Altarschrein mit 12 Heiligenfiguren aus dem 15. Jahrhundert, die romanische Granittaufe, die Kanzel von 1630, die Sakristeitür von 1680 und drei prachtvolle Kronleuchter. Zwei davon spendeten im Jahre 1677 der »Glückliche Matthias«, ein erfolgreicher Walfang-Commandeur, und sein Bruder Jon Petersen.

Commandeur-Grabstein auf dem Boldixumer Friedhof

Friedhöfe und Grabsteine

Wälle mit mächtigen Findlingsblöcken umschließen die Friedhöfe von Föhr. An den Friedhofswällen, längs den Kirchenmauern und vereinzelt noch im grünen Rasen, stehen zwischen den kunstlosen Grabsteinen der Gegenwart noch zahlreiche Grabmale aus dem 17., 18. und 19. Jahrhundert. Sie sind zum größten Teil aus wetterfestem Sandstein des Wesergebirges und überwiegend von Steinmetzen von Föhr oder aus dem nordfriesischen Raum gearbeitet. Teils dienten diese Steine als Liegeplatten auf den Gräbern, teils als Stelen. Was diese Steine jedoch besonders auszeichnet, sind die barocken Verzierungen, die umrankten Reliefbilder im Giebel mit familienbezogenen Allegorien, Bildern aus der biblischen Geschichte oder Berufssymbolen wie z.B. Mühlen. Ganz überwiegend aber werden Schiffe dargestellt, da es sich zum größten Teil um die Grabsteine von Seefahrern, meist höherer Ränge, handelt. Hier sehen wir einfa-

Grabsteine des
»Glücklichen Matthias« . . .

. . . und des Kapitäns Früd Peters
auf dem St. Laurentii-Friedhof

che Küstenschiffe, aber auch bewaffnete Handelsfregatten unter
vollen Segeln, teilweise auch abgetakelte Schiffe, die das Lebensen-
de symbolisieren.

Besonders aufschlußreich sind die Inschriften, die neben den Le-
bensdaten des Verstorbenen über Familienstand und Lebensläufe
berichten. Diese Inschriften sind bis auf wenige Ausnahmen in
hochdeutscher Sprache geschrieben. Nur die ältesten tragen platt-
deutsche Inschriften. Eine Ausnahme macht lediglich der lateinisch
beschriftete Grabstein des »Glücklichen Matthias«, der als Matz Petersen am 24. Dezember 1632 in Oldsum geboren wurde. Als Commandeur von Hamburger Walfangschiffen fing er 373 Wale und erhielt deshalb den Beinamen »Glücklicher«. Er starb am 16. September 1706.

Auf dem St. Lawrentii-Friedhof sind einige sehr verwitterte Inschriften und Darstellungen in jüngster Zeit durch Bemalung wieder
hervorgehoben.

Die Föhrer Friesentracht

Braut-Tracht im 18. Jahrhundert   *Die Föhrer Trauer-Tracht*

Die Tracht im Wandel der Zeit

Wie in der Gegenwart, so wandelte sich auch in der Vergangenheit die Kleidermode ständig. Den einfachen Bekleidungen des 16. und 17. Jahrhunderts, die durch Zeichnungen oder Puppen überliefert sind, folgten die vielfältigen und farbenfrohen Trachten des »Goldenen Zeitalters« im 17. und 18. Jahrhundert. Föhr stand in jener Zeit an der Spitze der Trachten-Vielfalt. Es gab verschiedene Trachten für Sonn- und Feiertage, für den Kirchgang, für junge Mädchen und Bräute, verheiratete Frauen und für die Trauer nach einem Todesfall. Es war ein besonderer Glücksfall, daß die Porträtmaler und Kupferstecher J. Rieter und J. Senn im Jahre 1806 diese Trachten im Bilde festhielten, da einige dieser Trachten schon nicht mehr getragen wurden und die anderen gerade »aus der Mode« kamen.

Die heutige Föhrer Tracht hat sich aus zunächst anspruchslosen Formen erst in der zweiten Hälfte des 19. Jahrhunderts entwickelt. Sie besteht aus drei verschiedenen Arten, nämlich der schmucklosen Alltagstracht, die von älteren Frauen noch bis um 1970 getragen wurde, einer durch bessere Stoffe und bescheidenem Filigranschmuck verfeinerten Sonntagstracht und der Festtagstracht mit dem umfangreichen Brustschmuck.

Kennzeichen dieser Tracht sind die Kopfhaube mit Fransen, Stikkereien und einem, bei verheirateten Frauen eingelegten roten Tuch mit Perlen, der lange Faltenrock, als Trägerrock mit enganliegenden Ärmeln gearbeitet, sowie einige Brust und Schultern bedeckende Lappen und Tücher. Die Festtracht fällt durch ihren reichen Schmuck aus Silberfiligran auf, dessen Hauptstück ein Gliederband ist. Die Mitte dieses Gliederbandes wird von einem Mittelstück mit den Symbolen »Glaube, Liebe, Hoffnung« verziert. Die daran hängenden Ketten werden von zehn bis zwölf Filigranknöpfen umrahmt. Mädchen und jüngere Frauen tragen in der Regel eine weiße Schürze, um der dunklen Tracht eine freundlichere Erscheinung zu geben.

Die Festtracht, in fast allen Föhrer Familien vorhanden, wird noch bei Konfirmationen, Hochzeiten und anderen Festlichkeiten getragen. Trachtengruppen aus den Föhrer Dörfern zeigen in Verbindung mit »Heimatabenden« und Volkstänzen auch den Kurgästen die Schönheit der Föhrer Tracht.

Sitten und Gebräuche

Im abgeschlossenen Inselleben des alten Föhrs bildeten sich zahlreiche Sitten und Bräuche aus, die sich zum Teil noch auf die heidnische Zeit oder auf den, noch bis in das 18. Jahrhundert verbreiteten Aberglauben bezogen. Andere Sitten und Bräuche standen in Zusammenhang mit Familie und Kirche. Geburt und Taufe, Verlobung und Hochzeit, Konfirmation oder Todesfall hatten ihre festen Regeln hinsichtlich des Kirchganges, der Kleidung und des Ablaufes der Feiern. Doch im Laufe des vorigen Jahrhunderts wurden die meisten dieser Regeln allmählich vernachlässigt und Feste und Feiern in Familie und Kirche paßten sich, abgesehen vom Tragen der Tracht zu besonderen Anlässen, dem allgemein üblichen Rahmen an.

Ringreiten ist ein beliebter Volkssport auf Föhr

Von den alten Volksbräuchen haben sich nur das Biiken, Thamsen und Kenknin bis in die Gegenwart erhalten können, sicherlich nur deshalb, weil mit diesen Bräuchen ein loses und lustiges Treiben verbunden ist. Das Biiken stammt noch aus der heidnischen Zeit und wurde ursprünglich als Frühlingsfeuer oder als Opferfeuer für Wotan gedeutet. Die Teilnehmer umtanzten das Feuer und riefen dabei: »Wodke täre«, Wotan zehre. Vergeblich versuchten die Priester nach der Christianisierung diesen Brauch auszurotten. Schließlich verbanden sie das Biiken am Abend des 21. Februars mit einem christlichen Datum, Petri Stuhlfeier am 22. Februar. Im 17. und 18. Jahrhundert wurde das Biiken ein Abschiedsfest für die Seefahrer, die bald darauf die Heimatinsel verließen, um auf Walfang oder Handelsseefahrt zu gehen. Oft wurde mit dem Biiken ein Thing, eine Art Gericht verbunden, wobei Verordnungen verkündet und Streitfragen geklärt wurden.

Das heutige Biiken hat ebenfalls den Charakter eines Abschiedsfeuers, nämlich als Abschied des Winters. Die größere Schuljugend sammelt Wochen vorher Brennmaterial, wobei die einzelnen Dörfer miteinander um das größte Feuer wetteiferten. Nach Einbruch der Dunkelheit werden die Feuer angezündet, und es ist ein schönes Bild, wenn von Dorf zu Dorf und von Insel zu Insel die brennenden Haufen sich grüßen. Auch Erwachsene stehen am Biike-Feuer. Manche haben ihren Kindern einen »Piarder«, eine Stoff- oder Strohpuppe gemacht, die das Böse symbolisiert und als Fackel zusammen mit dem Winter verbrannt wird.

Das Thamsen ist ebenfalls aus dem Heidentum überliefert, es findet am Tag der Wintersonnenwende, am 21. Dezember, statt. Nach altem Glauben hielt Wotan mit den Göttern seinen Umzug, und kein drehbares Gerät durfte an diesem Tag bewegt werden, weil sonst das Zeitrad zum Stillstand kam. Vorsichtshalber wurden alle drehbaren Ackergeräte, Fuhrwerke usw. in Haus oder Scheune verschlossen. Das Thamsen besteht heute darin, daß die Jugend der Dörfer, vor allem auf Osterland-Föhr, am Abend des 21. Dezembers ausschwärmt, um zu sehen, ob Hausbesitzer und Landwirte dieser Pflicht nachgekommen sind. Draußenstehende Geräte werden verschleppt, wobei über den ursprünglichen Sinn dieses Brauchtums hinaus natürlich mancherlei Unfug getrieben wird.

Das Kenknin wird am Silvesterabend nur in einigen Dörfern auf Westerland-Föhr betrieben, Jugendliche und auch Erwachsene verkleiden sich und ziehen nach Einbruch der Dunkelheit einzeln oder gruppenweise von Haus zu Haus, um sich in ihren originellen Kostümen vorzustellen, wobei es darauf ankommt, nicht erkannt zu werden. Manche haben auch lustige Singspiele oder humorvolle Einlagen zu dörflichen Ereignissen einstudiert.

Die föhringer Sprache

Eine bereits erwähnte Eigenart der Insel Föhr ist die eigene Sprache, von den Föhrern als »Fering« bezeichnet. Es handelt sich hierbei um eine selbständige westgermanische Sprache, die heute allgemein als Friesisch bezeichnet wird und, wenn auch sehr unterschiedlich, heute noch in Westfriesland (Holland), in Ostfriesland und Nordfriesland gesprochen wird. Doch selbst im engen Bereich Nordfrieslands zerfällt die Sprache noch in mehrere Mundarten, nämlich auf dem Festlande in mehrere Dialekte des Festland-Friesisch und auf den Inseln in Mundarten von Helgoland, den Halligen, Sylt und Föhr-Amrum. Gewisse Unterschiede gibt es sogar noch auf Föhr zwischen Westerland und Osterland sowie in Nieblum, wo sich durch die frühere Einwanderung von Halligbewohnern eine eigenartige Sprachmischung, das sogenannte »Njiblembür-Fering« entwickelte.

Die Isolation der Inseln untereinander und zum Festlande sowie das Fehlen einer Schriftsprache sind die Ursache dieser Zersplitterung. Auffallend ist, daß auf den Inseln die Sprache nicht als Friesisch, sondern nach den Inseln, z.B. Sölring (Sylt) oder Fering (Föhring) genannt wird. Von kompetenter Seite ist deshalb die Frage gestellt, ob die Insulaner der Herkunft nach wirklich überwiegend Friesen sind, – was allerdings nichts daran ändert, daß sich die gebürtigen Insulaner heute als Friesen bezeichnen, wenn sie auch in erster Linie sagen: »Wi san Feringen« »Wir sind Föhringer.«

Die friesische Sprache fällt durch ihre Verwandtschaft mit dem Englischen und Dänischen auf, was anhand von Beispielen deutlich gemacht werden soll: So heißt es z.B. auf Föhring: »At as misteg«, »Es ist neblig«, auf englisch: »It is misty.« »Wi haa Bradlup«, »Wir haben Hochzeit«, heißt auf dänisch: »Vi har bryllup.« Daneben steht das Friesische auch dem Niederdeutschen sehr nahe.

Ein Nachteil der friesischen Sprache ist die Tatsache, daß seit etwa einhundert Jahren keine oder kaum neue Wörter gebildet wurden, so daß zahlreiche Begriffe der Gegenwart, besonders auf dem Sektor der Technik, in hochdeutscher Bezeichnung übernommen sind, worunter die Reinheit des Friesischen sehr leidet.

Weitere Faktoren für den Rückgang dieser Sprache sind der Fremdenverkehr mit dem Zwang, Hochdeutsch sprechen zu müssen, die Einheirat von Auswärtigen und der von der Schule und den Unterhaltungsmedien ausgehende Druck der hochdeutschen Sprache. Immerhin sprechen aber nach jüngsten Erhebungen in den Dörfern von Westerland-Föhr noch über 70% der Einwohner regelmäßig Föhring. Nach Osterland-Föhr hin nimmt die Zahl der Föhring-Sprechenden rasch ab und sinkt im Einflußbereich von Wyk bis auf wenige Prozent, teils um dem Plattdeutschen, mehr aber noch dem Hochdeutschen Platz zu machen.

Dörfer und Menschen auf Föhr

Sechzehn Dörfer, das zu Wyk gehörende Boldixum mit eingerechnet, trägt die Insel Föhr. Blickt man vom Deich aus über die Reihe der Inseldörfeer, oder nähert man sich den Dörfern auf der Straße, so erscheinen sie wie geschlossene Wäldchen. Nur hier und da lugen Giebel, Schornsteine und Masten aus den Blättern und Baumkronen und verraten die Ansiedlung.

Im Kern zeigen die Föhrer Dörfer fast alle ein ähnliches Bild, das von reetgedeckten Friesenhäusern bestimmt wird. Hier und da sind Haus- und Gartengrundstücke noch von Wällen aus Erde und Findlingen, einer uralten Form der Einfriedigung, umrahmt, während vor vielen Häusern an der Straßenfront ein Kopfsteinpflaster liegt. Nur die Neubauten aus jüngerer Zeit zeigen einen »modernen« Stil und stören damit das harmonische Bild der alten Dorfkerne beträchtlich.

Durchweg sind die Föhrer Dörfer spätestens gegen Ende des Mittelalters gegründet worden. Urkundlich werden einige Dörfer erstmalig im 14. und 15. Jahrhundert erwähnt, so z.B. Borgsum und Utersum und Blegsum in Zusammenhang mit der »Burg-Urkunde« vom 8. November 1360. Fraglich ist, ob es neben den heute vorhandenen Dörfern in älterer Zeit noch weitere gegeben hat. Die Karten von Johannes Mejer und eine Kupferstich-Karte von Christian Rothgießer zur Dankwerthschen Landeskunde nennen eine Reihe versunkener Orte im heutigen Wattenmeer um Föhr, so im Norden Bilckum und Leeckum, im Osten Hanum, Steinholt und Nytkum und im Watt zwischen Föhr und Amrum Andum, Juckum, Süderstaghum, Wandum, Ribböll und Ollum. Die Legende erzählt von einem Ort Balckum im Watt nordwestlich von Dunsum, wo heute ein riesiger Findling, der »Balckstein« liegt. Doch sind die Karten von Johannes Mejer, soweit sie Rekonstruktionen versunkener Landflächen und Orte darstellen, nicht ohne Fehl. Lediglich Hanum erhält durch einen Bericht des Chronisten Ocke Nerong eine gewisse Authentik. Nerong schreibt, daß viele Einwohner des untergegangenen Ortes Hanum sich in Oevenum ansiedelten, womit dieser Ort eine bedeutende Landfläche im Norden bekam. Nerong berichtet ferner, daß die Besiedelung der Insel nicht überall ursprünglich geschlossen war, sondern ein Teil der Häuser auf Warften in der Marsch lag, so wie es heute noch auf den Halligen oder in der Festlandmarsch üb-

Friesenhaus in Wrixum . . .

. . . und Bauernhof in Qevenum

Friesenhäuser in Boldixum

Nieblum – Dorf der Bäume und der Blumen

lich ist. Bezeugt wird dies durch alte Kaufbriefe, in denen mehrere Warften mit Namen genannt sind. Einige flache Warften sind noch heute in der Marsch zu sehen, vielleicht die letzten im Laufe der Jahrhunderte verflachten Reste früherer Wohnhügel. Spätestens zum Anfang des 17. Jahrhunderts sind diese Warftsiedlungen aufgegeben, denn der Geschichtsschreiber Peter Sax schreibt im Jahre 1637: »Die Föhrer haben ihre Wohnungen auf der Geest und zwar am Rande derselben, so daß sie Geest an der einen und Marsch an der anderen Seite haben.«

Auffallend ist, daß die Dorfnamen mit Ausnahme von Goting auf »-um« enden, z.B. Alkersum, Oldsum, Utersum usw. Darüber hat es verschiedene Deutungen gegeben, wobei gegenwärtig die Meinung vertreten wird, daß es sich bei diesem »-um« (friesisch »-ham«) um die nordische Bezeichnung »-heim« handelt. Einige Dorfnamen leiten sich möglicherweise aus der landschaftlichen Lage ab, so Klintum (Klint = Anhöhe), Hedehusum (Heidehäuser) oder Witsum (Wit = Weiß von den hier aufgesandeten Dünen). Der Name Borgsum erklärt sich aus der nördlich des Dorfes liegenden Burg, Midlum aus seiner Lage »in der Mitte« und Toftum als eine Ansiedlung auf einem Taft, einem früheren Hofplatz. In Nieblum verbirgt sich die Bedeutung »Neues Bohl«, eine Ansiedlung um eine Kirche. In anderen Dorfnamen werden Personennamen vermutet, doch sind diese Deutungen umstritten.

Die Föhrer Dörfer waren besonders im 17. und 18. Jahrhundert zum Teil recht umfangreich, mit Bevölkerungszahlen, die erst in der Gegenwart wieder erreicht wurden. Besonders hoch war die Zahl der Einwohner, als Walfang und Handelsseefahrt in voller Blüte standen. Im Jahre 1770 zählte Föhr 6146 Einwohner, im Jahre 1822 nur noch 4754, eine Zahl, die sich durch die Auswanderung bis um 1900 noch weiter verringerte. Gegenwärtig (1992) zählt Wyk ca. 4600, Föhr-Land rund 3930 Einwohner.

Die reetgedeckten Häuser mit den vielsprossigen Fenstern, den Rundbogen-Türen und Giebeln werden allgemein als »Friesenhäuser« bezeichnet. Doch hat sich auch dieser Haustyp mit den Jahrhunderten verändert, und zwar sowohl von innen als von außen. Aber das Grundkonzept ist dank der konservativen Lebenshaltung der früheren Föhrer durchweg erhalten geblieben. Wie ein älteres Friesenhaus aussah, wird uns heute durch das Haus Olesen am Friesenmuseum von Wyk gezeigt. Dieses Haus stand ursprünglich in Al-

Friesentür in Boldixum-Wyk

kersum, wo es im Jahre 1617 erbaut wurde. Es wurde im Jahre 1917 abgebrochen und originalgetreu am Museum wieder aufgebaut.

Es handelt sich hier um ein Ständerhaus, dessen Dach von einer Balkenkonstruktion getragen wird, dessen Ständer etwa einen Meter innerhalb der Mauern stehen. Das Innere des Hauses ist durch die Diele, die vom Eingang unter dem Zwerchgiebel quer durch das Haus zu einer kleinen Hintertür verläuft, in einen Wohn- und Wirtschaftsteil geordnet. Im Wohnteil befinden sich vier Räume, die Küche mit ihrer urtümlichen Herdstelle, die Stube für alltägliche Wohnzwecke, der »Pesel«, ein Raum für besondere Feste, aber auch für Vorräte, und eine Kammer mit erhöhter Diele, unter der sich ein Kellerraum befindet. Die Stube ist mit schrankähnlichen Wandbetten ausgestattet und läßt sich durch einen Beileger-Ofen von der Küche aus heizen. Der Wirtschaftsteil enthält Ställe für Vieh und Geflügel, einen Heuraum und die Tenne. Die Innenwände des Hauses sind überwiegend aus Holz. Aus Holz ist auch die Ostwand des

Friesenhausgiebel in Utersum   *Friesentür in Nieblum*

Wirtschaftsteiles, ferner die Nordwand, die noch zusätzlich durch Grassoden verstärkt ist und die obere Hälfte des Giebels.

Später wurde die Trägerkonstruktion durch tragende Wände abgelöst. Damit verschwanden die hölzernen, blau oder grün gestrichenen Wände mit ihren laienhaft bemalten Motiven von Schiffen oder biblischen Szenen. Bedingt durch die Berührung mit Holland fand die Kachel, oder richtiger Fliese, ihren Weg nach Nordfriesland, um die Wände zu schmücken.

Nach der Intensivierung der Landwirtschaft im 19. Jahrhundert entwickelten sich zahlreiche Häuser zu stattlichen Höfen, weil umfangreiche Scheunen und Ställe angebaut wurden.

In jüngster Zeit bahnt sich erneut eine wirtschaftsbedingte Umgestaltung an. Ställe und Scheunen, insbesondere von Kleinlandwirten, werden mit Zimmern für den Fremdenverkehr eingerichtet, weil mit Kurgästen mehr Geld zu verdienen ist als mit Kühen. Bedingt durch die Aussiedlung haben auch größere Bauernhöfe ihren Zweck eingebüßt und sind als respektable Pensionen ausgebaut.

Dem Fremdenverkehr dienen auch die zahlreichen Neubauten, die gegenwärtig überall in oder am Rande der Föhrer Dörfer, besonders an der Süd- und Westküste, gebaut werden. Zum Teil handelt es sich um Ferienhäuser im Besitz von Ortsfremden, zum Teil um Pensionen und Gästehäuser von Föhrern. Insbesondere Nieblum-Goting (seit 1970 eine Gemeinde) und Utersum sind Badeorte geworden, in denen die Landwirtschaft nur noch eine Nebenrolle spielt. Nieblum meldete für die Saison 1992 einen Besuch von 28 207 Gästen mit 276 877 Übernachtungen. Utersum hatte 10 790 Gäste mit 191 197 Übernachtungen. Beide Orte haben reguläre Kurverwaltungen und stellen zahlreiche Einrichtungen für den Fremdenverkehr zur Verfügung. Dabei zeichnet sich Nieblum durch seine besondere Note aus. Im historischen Ortsbereich regeln strenge Bestimmungen die Wahrung des friesischen Charakters, – ein Beispiel, das in den anderen Dörfern leider keine Nachahmung gefunden hat.

★

Zum Föhrer Dorf gehört der Föhrer, der noch immer ein, wenn auch lockerer werdendes Verhältnis zur Tradition hat. Dazu gehört die föhring-friesische Sprache ebenso wie die bewußte Heimatliebe. Doch darf nicht verkannt werden, daß die moderne Zeit mit ihren Medien längst in das früher abgeschiedene und behütete Dorfleben eingebrochen ist. – Auch der Fremdenverkehr und der Zwang »mit der Zeit zu gehen« haben die frühere Lebenshaltung beeinflußt und in den jüngeren Generationen geändert.

Der Föhrer hat aber auch, wie übrigens die Nachbarn auf Sylt und Amrum, seine besonderen Namen. Die Mädchen heißen Anke, Elke, Elena, Ina, Ingke, Kerrin, Keike, Marret oder Meike und die Knaben Arfst, Boy, Brar, Ketel, Nickels, Olaf, Ocke, Riewert, Rörd und Rickmer. Die speziellen Föhrer Familiennamen lauten Arfsten, Braren, Ketels, Rörden, Roelofs, Riewerts und Rickmers, wobei es natürlich auch viele Jensen, Petersen, Jürgensen und Hansen gibt. Bei den älteren Generationen handelt es sich noch überwiegend um gebürtige Föhrer, während in den jüngeren Jahrgängen die Zahl der Zuwanderer und Einheiraten wächst.

Witsum und die Godel-Marsch

»Haus des Gastes« in Nieblum – eine gelungene Architektur

Auswanderung

»Es gibt in Amerika mehr Föhrer als auf Föhr« – ist eine oft gehörte Behauptung. Wenn sie auch nie genau statistisch belegt worden ist, dürfte sie doch zeitweilig zutreffend gewesen sein. Auch heute noch hat kaum eine andere Landschaft bzw. Bevölkerung eine so unmittelbare Beziehung zu Amerika wie Föhr. Es gibt nahezu keine Familie auf der Insel ohne Verwandtschaft jenseits des Ozeans.

Im Kapitel über die Seefahrt war zu lesen, daß Föhrer als Seefahrer alle Winkel der Welt besuchten. Dabei blieben sie aber heimattreu und kehrten immer wieder nach Föhr zurück. Erst um 1850 begann die Auswanderung, ausgelöst durch Goldfunde und politische Ereignisse, wie der Niederschlagung der schleswig-holsteinischen Erhebung, die deutschgesinnte Osterland-Föhrer zum Verlassen der Heimat bewegte. Umgekehrt aber wanderten noch mehr Westerland-Föhrer nach dem Kriege 1864 und der Einverleibung ihrer Insel in Preußen bzw. in das Deutsche Reich aus, um der Militärpflicht zu entgehen. Später waren es dann wirtschaftliche Verhältnisse, und die eine Familie zog die andere nach. Weitere Auswanderungswellen gab es dann nach dem Ersten und nach dem Zweiten Weltkrieg, wobei die Auswanderung für Föhrer besonders erleichtert wurde, weil »drüben« Verwandte die notwendige »Bürgschaft« stellten und Arbeitsplätze bereit hielten. Der Zusammenhalt dokumentiert sich auch in der Gründung des »Föhr-Amrumer-Krankenunterstützungsvereines« 1884 in New York. Neben dem Großraum New York, wo die Auswanderer danach strebten, Besitzer eines »Store« zu werden, war Kalifornien ein zweiter Schwerpunkt der Auswanderung von Föhr, insbesondere Petaluma. Hier waren die Föhrer Farmer und Handwerker.

Verschiedene Untersuchungen in Föhrer Dörfern, so von den Lehrern H.C. Hinrichsen in Utersum und R. Arfsten in Oldsum, haben eine durchschnittliche Auswanderung in der Zeit von 1882–1951 bzw. 1900–1960 von 42 bis 51% der schulentlassenen Knaben und 27 bzw. 38% der Mädchen ergeben. Nur einige wenige der Auswanderer sind dann später wieder zurückgekehrt. Die Quote der Rückwanderer lag selten über 10–15%.

Bemerkenswert ist der Zusammenhalt in Amerika. Sehr oft heirateten Föhrer (und Amrumer) untereinander. Und eine besondere Hilfe waren die »Care«-Pakete nach dem Zweiten Weltkrieg.

Der Hafen von Wyk

Das Seebad Wyk

Das Wyker Stadtsiegel

Der Ort Wyk trägt seinen Namen nach seiner landschaftlichen Lage. Wyk oder Wik ist ein altes Wort für eine Bucht, und in der friesischen oder plattdeutschen Sprache ist die Bezeichnung der Ortslage noch erhalten geblieben. So heißt es z.B. friesisch: »Ik gung to a Wik« oder plattdeutsch: »Ik go na de Wik«, also »Ich gehe nach *der* Wyk.«

Über die ersten Anfänge des heutigen Ortes ist nur wenig bekannt. Zwar ist das Gebiet, das heute durch die Stadt bedeckt wird, schon in der Vor- und Frühzeit besiedelt gewesen, wie zufällige Funde bei Bau- und Ausschachtungsarbeiten bewiesen haben, doch sagen diese Funde nichts über eine kontinuierliche Besiedlung der Wyk. Schon gar nicht stehen sie im Zusammenhang mit dem heutigen Ort, dessen Anfänge sich erst aus der Zeit um 1600 belegen lassen.

Johannes Mejer hat in seiner Karte aus dem Jahre 1648 zwar nur die Bucht »Wyck« bezeichnet, ohne einen Ort. Doch ist in einem Abgabenverzeichnis des Amtes Tondern im Jahre 1601 der Gastwirt Hans Nickels Gunnen in Wyk zu einer jährlichen Krugheuer von 24 Schillingen veranlagt, woraus Carl Häberlin folgert, »daß das Vorhandensein eines Kruges schon auf einen beträchtlichen Verkehr und mehrere Bewohner hindeutet«.

In jener Zeit war Wyk aber noch eine Art Vorort von Boldixum, entwickelte sich dann jedoch schnell zur Eigenständigkeit und wurde in einem Tondernschen Steuerverzeichnis des Jahres 1638 bereits als selbständiger Ort aufgeführt. 1638 hatte Wyk schon 172, fünf Jahre später 223 Einwohner. Handelsleute erkannten die günstige Lage und siedelten sich hier an, ebenso Handwerker, vor allem solche, die mit der Seefahrt zu tun hatten, wie Segelmacher, Reepschläger und Zimmerleute. Das »Goldene Zeitalter« des Walfanges und der Handelsseefahrt war gekommen, Ab- und Anreise der Föhrer Seefahrer gingen über Wyk, wo bald auf dem Sandwall ein Ausrüstungshaus (Packhaus) für die Seefahrer errichtet wurde. Aber auch unheilvolle Ereignisse förderten das Wachstum des Ortes. Nach der Sturmflut des Jahres 1634 flohen viele Überlebende von den Halligen auf die sicheren Geesthöhen an der Wyk, ein Vorgang, der sich bei späteren Flutkatastrophen wiederholte. So wurden nach der Sturmflut im Februar 1825 rund 200 Halligbewohner in Wyk einquartiert. Viele kehrten nicht wieder auf die zerstörten Halligen zurück, sondern blieben in Wyk.

Im Jahre 1706 erhielt Wyk nach einer anhaltenden Auseinandersetzung mit der Landschaft Osterland-Föhr wegen des Hafenbaues die »Fleckensgerechtigkeit« und erlangte damit die wirtschaftliche und verwaltungsmäßige Loslösung von der Landschaft Osterland-Föhr. Der Ort zählte jetzt 91 Häuser, erhielt einen eigenen Gerichtsvogt und gab sich ein eigenes Siegel. Gegen Ende des 18. Jahrhunderts hatte sich der Ort nach Zahl der Einwohner und Häuser verdoppelt, und Pastor Boysen schrieb um 1790: »Der Flecken Wyk hat 185 Wohnungen und völlig das Ansehen einer artigen, kleinen Stadt.«

Der Hafen

Die Bedeutung und Entwicklung Wyks waren in erster Linie durch die günstige Lage und den Hafen begründet. Die Frage eines Hafens in der Wyk stellte sich, als der von Midlum kommende schiffbare Wasserlauf verschlickte und die Frachtverladung auf dem Sandwall erfolgen mußte. Ungeachtet der unsicheren politischen Lage im Herzogtum Schleswig erhielt Wyk die erbetene Hafengerechtigkeit am 31. Oktober 1704, allerdings gegen den Widerstand der Landschaft Osterland-Föhr.

Der Anstoß zur Anlage eines Hafens datiert schon aus dem Jahre 1698. Am 25. August dieses Jahres richtete der Schiffer Johann Feddersen »für sich und nomine der anderen Schiffer und Eingesessenen bei der Wyk eine unterthänigste Supplication an den durchlauchtigsten Herzog, gnädigsten Fürsten und Herren, bei der Wyk, außerhalb des Deiches an einem Ort Salzgras genannt, einen Hafen einzurichten, nachdem der alte Hafen verschlickt und verfallen ist«!

Gegen dieses Gesuch erhoben die Ratsmänner von Osterland-Föhr Einspruch »wider Johannes Feddersen und Konsorten. Hochfürstliche Durchlaucht werden gebeten zu vernehmen, daß der Platz

Hafen Wyk mit Krabbenkuttern

Salzgras niemals ein Hafen gewesen. Weshalb sollen nicht wie bisher fremde Schiffe ihre Waren an den Sandwall bringen und dort verkaufen oder eintauschen«? Und das Schreiben schließt mit der »untertänigsten Bitte, es gnädigst beim Alten bewenden zu lassen, da man durch den neuen Hafen nur zu Abgiften gezwungen wird«.

Die Gegenargumente der Landschaft Osterland-Föhr gingen vor allem davon aus, daß durch den Hafen die Einfuhr billiger Güter von auswärts gefördert und damit die einheimischen Kaufleute und Handwerker geschädigt würden, andererseits aber durch das Hafengeld eine Verteuerung anderer Waren zu erwarten sei.

Als es dann auf dem Salzgras trotz des Einspruches zu einer Hafenanlage kam, spielte Osterland-Föhr den Wykern einen Streich. Die Mündung der Wasserlösung wurde nach Norden verlegt und dem Hafen fehlte es an der Durchspülung, so daß er sehr bald verschlickte. Wyk wurde zum Bau einer neuen Anlage gezwungen, die aber gleichfalls der Verschlickung und Versandung ausgesetzt war und immer wieder umfangreiche Investitionen erforderte. Eine Sturmflut im Jahre 1717 zerstörte gar einen Teil des Hafens, schuf

Die »Carl-Häberlin-Straße«, Erinnerung an das alte Wyk

aber eine große Wehle (den Teich des späteren Königsgartens), die als Liegeplatz für Schiffe benutzt werden konnte. Eine Sturmflut im Jahre 1792 schwemmte jedoch eine große Sandbank vor die Einfahrt und verschloß sie. Im Laufe eines Jahrhunderts war damit der Bau eines dritten Hafens notwendig geworden. Die königliche Kasse bewilligte eine Anleihe, und im Jahre 1806 war der neue Hafen mit seiner noch heute bestehenden nordöstlichen Einfahrt fertig.

Der Beginn des 19. Jahrhunderts brachte für Wyk eine Zeit schwerster Krisen. Die napoleonischen Kriegswirren und der Krieg zwischen England und Dänemark im Jahre 1807 legten die bis dahin blühende Seefahrt lahm und ruinierten auch Handel und Handwerk, die aufs engste mit der Seefahrt verbunden waren. Aus Mangel an Erwerbsmöglichkeiten verließen zahlreiche Bürger den Ort. Die Einwohnerzahl sank von 772 im Jahre 1788 auf 580 im Jahre 1820. Zwischen 1800 und 1820 wurden nicht weniger als 37 unbewohnte Häuser abgebrochen. Wyk wurde arm und konnte nicht die Zinsen und Abträge der Hafenanleihe bezahlen.

Erst die Gründung des Seebades im Jahre 1819 und das spätere

83

Interesse des dänischen Königshauses an Wyk milderten die Last des Ortes. Die Zinsen aus der Hafenanleihe wurden zunächst gestundet und schließlich ganz erlassen. Die Abträge wurden vorübergehend ausgesetzt. Ab 1836 mußte die Anleihe mit jährlich 300 Reichsbanktalern getilgt werden, eine Summe, die nun pünktlich bezahlt werden konnte, auch als die Insel nach 1864 preußisch wurde. Die Restsumme ist dann mit rund 4000 Reichsmark erst im Jahre 1924 beglichen worden.

Krisenzeit und Neubeginn

Die kriegsbedingten Folgen für die Grönland- und Handelsseefahrt wurden dadurch überwunden, daß man sich auf Föhr auf den eigenen Boden besann und die Landwirtschaft intensivierte. Die Bedeutung der Landwirtschaft fand ihren Ausdruck in den lebhaft besuchten Jahrmärkten in Wyk, die vor allem dem Viehhandel dienten, sowie in der Errichtung von Windmühlen.

Handel und Handwerk, aber auch die Seefahrt belebten sich allmählich wieder. Im Jahre 1824 wurden in Wyk folgende Berufsstände verzeichnet: Eine Brauerei, eine Lohgerberei, 5 Wirtshäuser, 3 Weißbäcker und mehrere Grobbäcker, 5 Schneider, 5 Schuster, 5 Tischler und Zimmerleute, 2 Schiffszimmerleute, 2 Uhrmacher, 2 Goldschmiede, 2 Seiler, 1 Buchbinder, 2 Schönfärber, 2 Ärzte, 2 Müller, 13 Handeltreibende, 2 Barbiere, 2 Schmiede, 3 Schlachter und 3 Fuhrleute.

Von Bedeutung war auch die im Jahre 1829 durch Konsul Nommensen neu angelegte Schiffswerft, »die viele Hände beschäftigte«. Schon früher hatte eine Helling auf dem Sandwall bestanden. In der neuen Werft wurden nicht nur Schiffe repariert, sondern auch Schiffe, die auf Amrum oder Sylt gestrandet waren, wieder instand gesetzt. Einige dieser Schiffe ließen Konsul Nommensen und später Konsul Heymann als Reeder laufen. Eine englische Brigg wurde um 1850 als Grönlandfahrer ausgerüstet und mit Föhrer Seeleuten bemannt in die arktischen Gewässer gesandt, um Robben zu schlagen. Allerdings war die Ausbeute mit durchschnittlich 2000 Robben zu gering, die Fahrten wurden wieder eingestellt. Andere Schiffe, so die »Amilhujo«, betrieben Handelsseefahrt bis nach Südamerika.

Zögernd begann eine neue Bautätigkeit. Wyk zählte um 1825 ne-

Der Glockenturm ist das kleine »Wahrzeichen« von Wyk

ben zwei Mühlen 151 Häuser, von denen neun mit Ziegeln gedeckt waren. Die anderen trugen ein Reetdach, so daß sie sich dem Charakter der Altföhrer Häuser in den Dörfern anpaßten. Allerdings standen diese Häuser teilweise schon »stadtartig« nahe zusammengerückt. Der Flecken Wyk wurde im wesentlichen von der heutigen Hafenstraße, der Mittelstraße und dem Sandwall begrenzt. Eines aber fehlte dem schon längst größten Ort auf Föhr – eine eigene Kirche. Die Wyker gehörten zur Boldixumer Kirche St. Nicolai. Da sie nur bei günstigem Wind die Glocke herüberklingen hörten, wurde im Jahre 1701 ein hölzerner GLockenturm gebaut, der jedoch im Jahre 1824 von einem Sturm umgeworfen wurde. Man beschloß nun, einen Steinturm mit Uhrwerk zu bauen, doch der Ort steckte noch immer in Schulden, so daß es erst im Jahre 1886 zur Grundsteinlegung des heutigen Turmes kam. An Höhe und Umfang bescheiden, ist dieser Turm doch ein bauliches Wahrzeichen von Wyk geworden und geblieben, obwohl er schon längst von anderen Bauten übertrumpft wird.

Die Gründung des Seebades

Im Jahre 1819, in einer für Wyk durch Krisen und Schulden gezeichneten Zeit, wurde das Seebad gegründet, nachdem zuvor zwei Seewasseranalysen gemacht worden waren. Der Anstoß dazu kam von dem Gerichtsvogt M.C. von Colditz, der im Frühjahr 1819 ein vom Physikus Friedlieb erstelltes Gutachten mit Kostenanschlägen einer Badeanstalt den »wohlhabenden Einwohnern« von Wyk vortrug. Schon am nächsten Tag wurden genügend Aktien, das Stück zu 50 Courant-Mark, gezeichnet, so daß ein Haus für warme Bäder gekauft und vierrädrige Karren für die Kaltbäder angeschafft werden konnten. Mit drei Karren und vier Badewannen wurde der Anfang gemacht. Ferner wurde eine Direktion für die Badeanstalt, bestehend aus dem Gerichtsvogt und zwei Fleckensdeputierten, gewählt und die Einquartierung der zu erwartenden Gäste und ein Mittagstisch im Hause des Apothekers arrangiert.

Wyk stellt für die erste Saison 80 Betten zur Verfügung, und nachdem so fürs erste alles bereitgestellt war, bemühte der Gerichtsvogt von Colditz sich, durch Anzeigen und Aufsätze in Zeitungen und Wochenblättern auf das neue Seebad aufmerksam zu machen. An die Regierung wurden Bittgesuche um finanzielle Unterstützung des jungen Unternehmens gesandt. Als dann die erste Saison abgeschlossen war, hatten 61 Gäste das Seebad besucht und insgesamt 484 warme und kalte Bäder genommen. Die Badeanstalt als Aktiengesellschaft fungierend, verzeichnete einen kleinen Überschuß und hoffnungsvoll blickte man in die Zukunft.

Die Hoffnung erwies sich jedoch als ein Trugschluß. Wohl stieg der Besuch im nächsten Jahr auf 100 Gäste, aber die von staatlicher Seite erwartete Unterstützung blieb aus. Vom Amtshaus Tondern wurde lediglich eine Anleihe von 400 Talern gewährt, und aus dem königlichen Forst wurden 1000 junge Bäume übersandt. Weitere Hilfen erfolgten nicht, während andere Bäder zur gleichen Zeit wesentliche Staatszuwendungen erhielten. Das änderte sich auch nicht, nachdem König Frederik VI. im Sommer 1824 der Insel einen Besuch abgestattet hatte, um Land und Leute kennenzulernen.

Trotzdem verzeichnete die Badeanstalt auch während der folgenden Jahre kleine Überschüsse. Ein Gesellschaftshaus wurde gebaut und weitere Aktien ausgegeben. Im Jahre 1824 verließ jedoch der Begründer der Badeanstalt, Gerichtsvogt von Colditz, Wyk, um eine

Bürgermeisterstelle in Oldesloe anzunehmen. Die nächsten Jahre brachten nur schwachen Besuch, und die Badeanstalt geriet in Schwierigkeiten. Durch den König wurde nun zwar für einige Jahre eine Geldsumme geschenkt, allein die Anstalt blieb in Geldverlegenheit und mußte 1836 durch eine Bürgschaft des Fleckens gestützt werden. Trotz steigenden Besuches – im Jahre 1834 waren 280 Gäste gemeldet – arbeitete die Badeanstalt weiterhin mit Defizit, so daß, wie schon seit Jahren, keine Dividende gezahlt werden konnte. Für das allgemeine Wirtschaftsleben hatte der Fremdenverkehr jedoch schon eine bescheidene Belebung gebracht.

Die »Königszeit«

Eine Glanzzeit erlebte Wyk zwischen 1842 und 1847, eine Periode, die als »Königszeit« in die Geschichte des Badeortes eingegangen ist. König Christian VIII. besuchte im Sommer des Jahres 1842 das Bad »und gewann durch Herablassung und Milde die Herzen der Eingeborenen«.

Er verweilte vier Wochen in Wyk und »nahm fast gerührt Abschied mit dem Versprechen, im nächsten Jahr wiederzukommen«. Dieses Versprechen wurde gehalten. Der König und die Königin Caroline Amalia weilten mit einem Teil ihres Hofstaates alljährlich etwa fünf Wochen in Wyk und brachten für das Bad eine starke Belebung. Nicht bloß, daß König und Königin ein Gefolge von fast hundert durchlauchten Personen nebst Dienerschaft mit nach Wyk brachten, auch andere honorige Gäste stellten sich zwangsläufig ein, darunter der damals schon recht bekannte Märchendichter Hans Christian Andersen. »Der auf königliche Kosten mit königlicher Pracht erbaute Salon dient der Wyk zur Zierde«, berichtet eine Chronik jener Zeit. Der König kaufte ferner das Haus des Konsul Nommensen, das er bisher bewohnte, und ließ es vergrößern und verschönern. Vom Flecken erhielt er 1845 ein größeres Gelände, »worauf er sich ein Schloß bauen wollte«. Zwei kleinere Häuschen, die dort standen, wurden auf Kosten des Königs abgebrochen und an anderer Stelle wieder aufgebaut.

Der Sandwall wurde mit drei Baumreihen bepflanzt, und die Königin ließ auf ihre Kosten einen Park anlegen, der später den Namen »Königsgarten« erhielt. Prächtige Pferde und Sänften belebten das

Das »Königshaus« in Wyk, wo König Christian VIII. während seines Sommeraufenthaltes wohnte.

Straßenbild, im Hafen lag ein königliches Dampfschiff den ganzen Tag unter Dampf, Post und Stafetten gingen zwischen Wyk und dem Festland hin und her. Ein Spalier von Mädchen in föhringer Tracht empfing und verabschiedete das Königspaar, und am Abend nach der Ankunft wurde Tanz in einem Zelt am Hafen abgehalten, wo der König mit den Föhringerinnen tanzte.

Im Jahre 1848 starb König Christian VIII. und die Glanzzeit war vorbei. Königshaus und »Königsgarten« wurden 1853 verkauft, das Haus an den Hotelier Redleffsen, der »Königsgarten« mit Hilfe einer öffentlichen Sammlung an den Flecken Wyk.

Im Sommer des Jahres 1860 weilte noch einmal König Frederik VII. mit seiner Gemahlin in Wyk, doch die Hoffnung auf eine neue »Königszeit« erfüllte sich nicht.

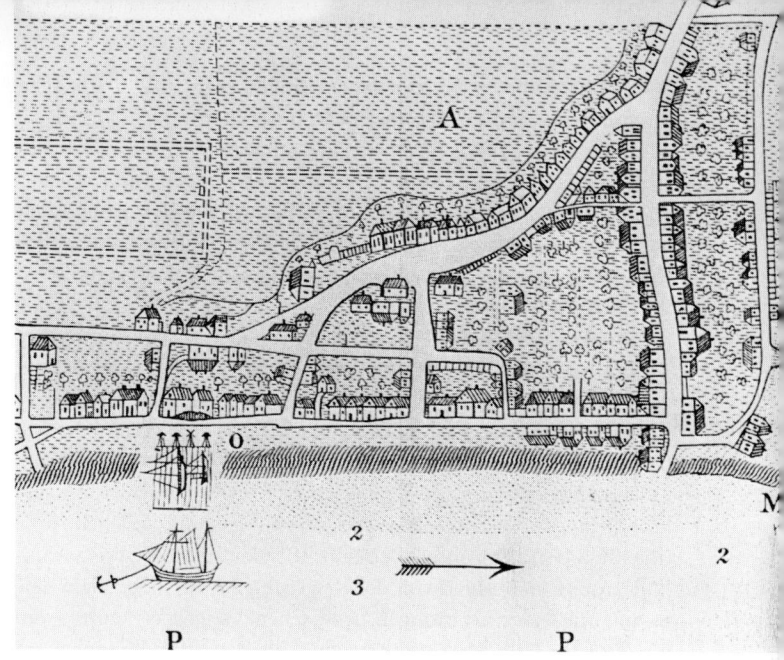

Wyk um 1790. Die Karte zeigt den von der heutigen Hafenstraße, Mittelstraße und Sandwall begrenzten Ort

Schäden, Schulden und in einem neuen Staat

In diesen Jahren wurde Wyk durch zwei verheerende Brände betroffen, die das Bild des Ortes wesentlich veränderten. Der erste große Brand brach am 7. Mai 1857 abends durch die Unvorsichtigkeit einiger Arbeiter im ehemaligen Königshaus aus, das der Hotelier Redleffsen um zwei Stockwerke vergrößert hatte. Gegen Mitternacht war die Hälfte des Ortes in Asche gelegt. Über 100 Gebäude verbrannten, wobei 180 Familien ihr Obdach verloren. Bei Ausbruch des Feuers war gerade Ebbezeit, so daß die Wasserschläuche der Feuerwehr nicht über Strand und Watt hinweg zum Wasser reichten.

Noch im gleichen Jahre wurden fast alle Häuser, die meisten stattlicher, einige zweistöckig, aufgebaut. Redleffsen errichtete östlich des Königshauses ein großes Hotel, und im Zuge des Neuaufbaues wurden einige Straßen verbreitert und begradigt. Durch öffentliche Spenden erhielten die betroffenen Einwohner eine Summe von über 55 000 Reichsbanktaler, vom Königshaus aus Kopenhagen

3000 Rbt. und von verschiedenen Brandkassen 90 299 Rbt. Die Summe von 188 500 Rbt. blieb jedoch ungedeckt.

Ein zweiter Brand brach mitten in der Saison, am 7. Juli 1869, am südlichen Ende der »Linie« aus. Bei südlichen Winden griff das Feuer rasch auf die Nachbarstraßen über und vernichtete 80 Häuser. Auch nach diesem Brand erfolgte ein zügiger Wiederaufbau. – Das alte Wyk freilich war nach diesen beiden Bränden bis auf wenige Häuser verschwunden.

Um diese Zeit hatte Wyk inzwischen rund 200 Häuser mit über 1000 Einwohnern. Im Jahr des letzten Großbrandes, 1869, erhielt der Flecken die »Kleine Städte-Ordnung« und wählte seinen ersten Bürgermeister. Zwei weitere Ortsvorsteher und acht Verordnete bildeten das »Fleckenkollegium«.

Die Aktiengesellschaft der Badeanstalt war inzwischen in Konkurs gegangen. Die Anstalt wurde 1851 auf einer öffentlichen Auktion für 4000 Taler Courant verkauft. 1856 kaufte Georg Weigelt die Badeanstalt und erhielt von der Regierung das Privileg, allein den Strand mit Badeeinrichtungen zu versehen. Weigelt verkaufte zwar im Jahre 1861 die Badeanstalt an eine Gesellschaft in Kopenhagen, erwarb sie jedoch 1865, als Föhr nach dem Kriege von 1864 preußisch geworden war, wieder zurück. Unter Weigelts Leitung nahm das Bad einen bedeutsamen Aufschwung. U.a. wurde ein Kurhaus gebaut und die ersten Grundlagen der Heilklima-Forschung gelegt. Neue Speisesäle und Hotels entstanden, ein Musikkorps unterhielt die Gäste, die Zahl der Badekarren wurde vergrößert und die Verkehrsverbindungen verbessert. Georg Weigelt, der Jahrzehnte die Entwicklung des Bades bestimmt hatte, starb 1885. Aber noch bis zum Jahre 1909 blieben die Badekonzession und das Kurhaus im Besitz seiner Witwe, die ihren Besitz und ihre Rechte für 145 000 Mark an den Flecken verkaufte, so daß das Bad aus privater Hand nun in den Besitz des Ortes Wyk kam.

Durch die Besuche der dänischen Könige hatte Wyk einen Ruf erhalten, der nach 1864 auch in das deutsche Reich hineinwirkte. Kronprinz und Kronprinzessin von Preußen, Prinzessin Luise von Glücksburg und anderer Adel kam in den Jahren um 1872–73 zu Besuch. Gegen Ende des 19. Jahrhunderts begannen in Wyk ansässig gewordene Ärzte den Wert des Heilklimas der Insel zu propagieren.

Der Kuraufenthalt trat nun stärker in den Vordergrund, wodurch sich der Kreis der *Bade*gäste um den der *Kur*gäste erweiterte. Schon

Badeleben an der Mittelbrücke Wyk

Musikpavillon unter Ulmen auf dem »Sandwall« von Wyk

1883 hatte Prof. Beneke mit einem »Kinderhospiz« (heute »Hamburger Kinderheim«) den Anfang gemacht. 1898 erbaute Dr. Gmelin nahe dem Südstrand ein »Nordsee-Sanatorium«, in dem auch Winterkuren durchgeführt wurden. Schon mehrfach hatten frühere Badeärzte, insbesondere Dr. Gerber, in Broschüren und Aufsätzen über die Heilwirkungen des Seewassers und der Luft berichtet. Mit Dr. Gmelin, vor allem aber mit Prof. Carl Häberlin, der sich 1902 in Wyk niederließ, begann eine erfolgreiche wissenschaftliche Arbeit, die Wyk in den folgenden Jahren zum Zentrum der Forschung auf dem Gebiet der Meeresheilkunde machte. Namhafte Persönlichkeiten aus Hamburg und Wyk gründeten 1925 eine bioklimatische Forschungsanstalt, die noch bis 1971, zuletzt unter Leitung von Dr. W. Leistner, dem Wetterdienst unterstand.

Zwischen Jahrhundertwende und Gegenwart

Mit dem weiteren Anstieg des Fremdenverkehrs und der wachsenden Wirtschaft rundete sich mehr und mehr der Stadtcharakter ab. Es kam zur Gründung von Banken und zur Herausgabe von zwei Lokalzeitungen. Die Wyker Sparkasse schenkte dem Ort ein größeres Gelände, das durch die Lembke-Stiftung bepflanzt wurde und zu einem schönen Gehölz mit Parkanlagen aufwuchs. Im Jahre 1889 wurde für die katholischen Kurgäste eine kleine Kapelle gebaut, ein stadteigenes Krankenhaus entstand 1894. Wenig später erhielt Wyk elektrische Beleuchtung und um die Jahrhundertwende Teilkanalisation. Nach der Jahrhundertwende begann Wyk seinen engen Rahmen zu sprengen und über die enggezogenen Ortsgrenzen hinauszuwachsen. Aus Privatbesitz wurde im Jahre 1904 das Gelände zwischen Lembke-Hain und Badestrand gekauft und 1910 weiteres Gelände von der Gemeinde Boldixum erworben. Wyk erwarb 1909 die Badekonzession bis zum Gmelinschen Sanatorium am Südstrand und ließ 1913 ein neues Kurhaus erbauen. Eine Einrichtung von unschätzbarem Wert erhielt Wyk im Jahre 1908 mit dem Friesenmuseum, begründet von Professor Häberlin, der sich wie kein anderer vor und nach ihm für die kulturellen Belange der Insel Föhr einsetzte.

Auch das Schulwesen, dessen Anfänge bis auf das Jahr 1671 zurückgehen, erfuhr eine grundsätzliche Erneuerung. Ein neues Schulgebäude wurde 1911 errichtet, und aus der von Mensendieck begründeten Privatschule ging das Staatliche Gymnasium hervor.

Der Erste Weltkrieg und die Nachkriegsjahre minderten zwar den Fremdenverkehr, doch blieb Wyk auch in den Kriegsjahren als einziges Nordseebad geöffnet, so daß mit 7500 Besuchern im Kriegsjahr 1918 nicht weniger Gäste als z.B. im Friedensjahr 1911 verzeichnet wurden. Die Jahre zwischen den beiden Weltkriegen sind gekennzeichnet durch eine zunehmende Besiedlung des Gebietes am Südstrand, die Einrichtung größerer Kinderheime und die Eingemeindung der Gemeinde Boldixum im Jahre 1924 in die Stadt Wyk.

Während des Zweiten Weltkrieges ruhte wie überall der Fremdenverkehr auch in Wyk, das wie andere Seebäder mit großem Zimmerangebot außerdem durch reichliche Belegung mit Ostflüchtlingen belastet wurde. Erst nach deren Umsiedlung und nach der Währungsreform erhielt der Fremdenverkehr einen neuen Anstoß. Schon 1949 konnten die Voraussetzungen für die Anerkennung als Nordsee-Heilbad geschaffen werden. Ein neues Kurmittelhaus wurde 1957 erbaut, im Jahre 1963 mit einem Kostenaufwand von fast 2 Millionen Mark eine Aufspülung und Verbreiterung des Badestrandes durchgeführt. Den vorläufigen Höhepunkt der Investitionen in den Kurbetrieb bildet das im Jahre 1970 eröffnete Meerwasser-Wellenschwimmbad. Im gleichen Jahre wurde auch der neue Fähranleger mit seinen Hebebühnen fertiggestellt. Zwei Jahre vorher war das Hafenbecken wesentlich erweitert worden, wobei ein Deich mit verschließbarer Stöpe angelegt wurde, um hafennahe Stadtgebiete vor Überflutung zu schützen. Der zeit- und zahlenmäßige Anstieg des Fremdenverkehrs – in der Saison 1983 meldete das Nordseeheilbad Wyk reichlich 67 000 Gäste mit über 950 000 Übernachtungen – hat in den letzten Jahren auch in der baulichen Entwicklung seinen Niederschlag gefunden. Wyk, Südstrand und Boldixum sind als Folge einer regen Bautätigkeit, besonders im »Rugstieg-Gebiet«, zusammengewachsen, während Hochbauten anstelle abgebrochener alter Villen und Hotels auf dem Sandwall von Wyk oder am bisher relativ dünnbebauten Südstrand ganz neue, noch ungewohnte Akzente in das architektonische Bild des Seebades Wyk setzen.

Das Panorama des Sandwalles mit seiner neuzeitlichen Architektur

Das Seebad Wyk zwischen Fähranleger und Südstrand

Stadtbummel

Der Stadtbummel beginnt auf dem Deich am Yachthafen. Hier haben wir den besten Überblick über das maritime Geschehen, das sich mit Gegenwart und Geschichte der Stadt Wyk verbindet. Der Hafen ist mit neuen Molen und Anlegern im Laufe der 1980er Jahre weit über seine »historischen Grenzen« gewachsen und um die Liegeplätze der Miesmuschelkutter und insbesondere um den umfangreichen Yachthafen erweitert. Hunderte von Motor- und Segelyachten liegen an den Stegen – Ausdruck der unveränderten Beziehung der Föhrer zur See, aber auch des Wohlstandes durch den Fremdenverkehr.

Am Fähranleger herrscht das ständige Hin und Her der WDR-Fähren, die zwischen Dagebüll und Wyk und auf der Weiterfahrt nach Wittdün auf Amrum zu sehen sind. Auch der Fähranleger mit seinen jetzt drei Hebebühnen ist jüngeren Datums. Der Bau wurde Ende der 1960er Jahre in Angriff genommen, notwendig gemacht durch Be- und Entladung des wachsenden Kraftfahrzeugstromes. Kaum noch vorstellbar, daß noch vor wenigen Jahrzehnten der gesamte Passagier-, Fahrzeugverkehr und Viehtransport über die alte Pier abgewickelt wurde, an der jetzt vor allem die Ausflugschiffe der WDR, darunter auch für die Helgolandfahrten, liegen. Besonders schön ist das Bild, wenn Ausflugschiffe abends mit Lichtgirlanden »über die Toppen« einkommen.

Oben auf dem Deich thront die Gaststätte »Klein Helgoland«. Das Gebäude entstand durch den in Wyk ansässig gewordenen holländischen Miemuschelfischer Meuhlenbrook und war zunächst eine Reinigungs- und Verpackungsanlage für Miesmuscheln.

Auf dem Wege in die Stadt kommen wir am Zollgebäude vorbei, in dessen Mauern noch eine Kanonenkugel aus der Zeit des Krieges zwischen Preußen/Österreich und Dänemark im Jahre 1864 zu sehen ist. Auf der anderen Seite des Hafens liegt das Verwaltungsgebäude der WDR, der größten Reederei an der schleswig-holsteinischen Westküste und mit etwa 270 Angestellten größter Arbeitgeber der Insel. Von wirtschaftlicher Bedeutung sind aber auch die Anlagen der Raiffeisenbank und anderer Firmen für die Versorgung der Insel. Der Hafen wurde in den Jahren 1965–67 mit seinem Umfeld ganz neu gestaltet, so wie er heute aussieht.

Jahrhundertelang schaute man von den Hotels an der Hafenstra-

Wyk ist eine Stadt mit blumenbunten Parks und Gärten . . .

. . . und einer Altstadt mit gepflegten Giebelhäusern

ße direkt auf den Hafen. Als aber wieder einmal eine Sturmflut, die des Februars 1962, hoch in Hafen- und Königsstraße stieg, entschloß man sich zum Bau des Hafendeiches (1967) mit einer wasserdicht verschließbaren Stöpe – wie eine Deichdurchfahrt genannt wird. Seitdem liegt Wyk hinterm Deich.

Auf dem ganz neu gestalteten Rathausplatz wurde 1985 das neue Rathaus mit Kurverwaltung errichtet. Im Obergeschoß befindet sich eine Ausstellung des Nationalparks Wattenmeer mit vielen Informationen über Natur und Naturschutz.

Die »Skyline« auf dem Sandwall von Wyk hat sich in den Jahrzehnten nach Kriegsende entsprechend dem »Zuge der Zeit« verändert. Alte Hotels aus Gründerjahren und Kaiserzeit verschwanden und wurden durch profane Vierkanthochbauten ersetzt. Es ist aber bei wenigen Bauten dieser Art geblieben, und so hat sich Wyk in übrigen Stadtbereichen seine gemütliche Atmosphäre bewahrt. Immer noch kennzeichnen schmale Gassen mit eingeschossigen Häusern, oft im »holländischen« Giebelstil, den Kern der Stadt, verbunden mit einem ausgesprochenen Bedürfnis nach Zierde und Sauberkeit und Blumenschmuck – sprichwörtlich für Wyk. Insbesondere erinnert die Carl-Häberlin-Straße an die alte Zeit.

Der Sandwall mit seinem sommerlich bunten Badeleben beiderseits der Mittelbrücke, mit seinen Geschäften, Straßencafés, dem Musikpavillon, dem Kurhaus und dem Kurgartensaal für Veranstaltungen, sind unverändert Mittelpunkt des Fremdenverkehrs. War der Hafen das »Herz« von Wyk, so ist der Sandwall das »Portemonnaie«. Ganz neu (1991) eingerichtet ist das Umwelt- und Veranstaltungszentrum.

Auf dem Wege nach »Ohlhörn«, der Südecke von Föhr, fällt uns das »Hamburger Kinderheim« auf, eine Architektur, wie sie damals im Kaiserreich dominierte. Kinderkuren, seinerzeit vor allem von Prof. Beneke angeregt, haben in Wyk bis in die 1980er Jahre hinein eine große Rolle gespielt. Gegenwärtig aber gibt es nur noch das »Hamburger Kinderheim«. Die anderen sind als Mutter-Kind-Kurheime eingerichtet oder ganz aufgegeben.

Hinter dem »Hamburger Kinderheim« war noch um 1898 die Welt, von Wyk aus gesehen, zu Ende. Hier lag die »Lüttmarsch«, eine Sumpfniederung. Erst in den Jahren 1957 und 1969 erhielt diese Gegend durch den Bau des Kurmittelhauses bzw. des Wellenbades seinen heutigen Akzent. Überhaupt ist das Gebiet des Südstrandes erst um 1900 besiedelt worden. Das erste Gebäude, das Nordsee-Sanatorium, wurde 1898 am Südstrande von Sanitätsrat Dr. Carl Gmelin errichtet und später von seinem Schwager Carl Mensendieck weitergeführt. Bald entwickelte sich auch ein ausgedehnter Park am Südstrande. In den 1970er Jahren gerieten Park und Sanatorium jedoch in die Hände von Spekulanten. Das Sanatorium, ein Werk des Architekten Endell wurde unter Denkmalsschutz gestellt und brannte dennoch unter geheimnisvollen Umständen eines Nachts aus. Die Auseinandersetzungen um eine Teilbebauung des Parks mit 34 Wohneinheiten, um Park und Golfplatz zwischen Stadt und Spekulanten zog sich bis 1993 hin und kosteten der Stadt Wyk über 8 Millionen DM.

Reges Badeleben herrscht im Sommer auch am Südstrande, der, schon seit der Jahrhundertwende von einer Strandmauer geschützt, mehrfach durch millionenteure Sandvorspülung einen zusätzlichen Schutz erhielt. Eben vor der Jahrhundertwende wurde auch der kleine Leuchtturm auf Olhörn errichtet. Er bekam erst in jüngster Zeit einen »Kollegen« bei Nieblum.

Der Südstrand wird noch heute gekennzeichnet durch eine teils lockere Bebauung mit großen Gartenflächen und eingestreuten Wäldchen, darunter der »Lembke-Hain«, gestiftet von dem Flensburger Kaufmann J.H. Lembke und 1908 durch die Föhrer Spar- und Leihkasse der Stadt geschenkt.

Auf dem Rückwege in die Stadt kommen wir am Kreiskrankenhaus Föhr-Amrum vorbei, ein zwar kleines Unternehmen, aber durch tüchtige Ärzte und seine familiäre Atmosphäre bei Insulanern und Auswärtigen sehr beliebt. Ein Förderverein, 1990 durch den WDR-Geschäftsführer Conrad Zorn gegründet, sorgt für eine zusätzlich gute Ausstattung des Krankenhauses.

Über die Wyker Mühle wurde an anderer Stelle schon einiges gesagt. Vergeblich suchen wir nun aber bei unserer Wanderung durch Wyk einen alles überragenden Kirchturm. Soweit haben es die ansonsten geschäftstüchtigen Wyker nie gebracht, sondern sich damit begnügt, die Nachbargemeinde Boldixum mit der Nicolai-Kirche einzugemeinden. Der Glockenturm an der Ecke Mittel- und Große Straße wurde so zum »Wahrzeichen« von Wyk, und erst in jüngster Zeit sind Kapellen für die Gäste beider Konfessionen errichtet.

Torbogen aus Walkieferknochen als Eingang zum Friesenmuseum

Das Friesenmuseum

Wenn von den zahlreichen Sehenswürdigkeiten und Einrichtungen der Stadt Wyk das Friesenmuseum besonders herausgestellt wird, dann aus dem Grunde, weil hier die Geschichte der Insel Föhr in ihren wesentlichen Bereichen anhand von Ausstellungsstücken oder Bildern dargestellt wird. Das Museum wurde im Jahre 1908 erbaut, und zwar durch die Initiative von Dr. Carl Häberlin, dem Vorsitzenden des im Jahre 1902 gegründeten »Naturwissenschaftlich-kulturhistorischen Vereines«.

Schon vor dem Betreten des Hauses wird der Besucher auf die Zeugen der Föhrer Vergangenheit hingewiesen. Ein Findlingswall nach altfriesischer Art umgibt das Gelände, das unter einem Torbogen aus Walkieferknochen betreten wird. Das Tor, die Tafeln mit Schiffsnamen am Hause, ein eisernes Grabkreuz mit einem Wal erinnern an die Zeit des Walfanges und der Handelsseefahrt. Auf dem Nachbargrundstück steht das älteste Föhrer Haus, das Haus Olesen

Seekiste mit Walfangszene im Friesenmuseum

Haus Olesen von Anno 1617 am Friesenmuseum

aus Alkersum, wo es 1927 abgebrochen und am Museum wieder aufgebaut wurde. Die Bockmühle daneben stammt von der Hallig Langeneß.

Im Museum wird zuerst der Raum für Vor- und Frühgeschichte betreten. Waffen, Werkzeuge, Schmuck und Urnen aus der Stein-, Bronze-, Eisen- und Wikingerzeit sind hier übersichtlich angeordnet. Sie entstammen den zahlreichen Bodendenkmälern der Insel. Der nächste Raum führt uns Jahrmillionen zurück in die Erdgeschichte des nordfriesischen Raumes. Die Auswirkungen der Eiszeit werden hier dargestellt, Versteinerungen von Geweihen, Seetieren und Pflanzen gezeigt. Karten und Bilder von Kulturspuren im Watt machen deutlich, daß sich das Landschaftsbild bis in die Gegenwart hinein durch Sturmfluten verändert hat. Im dritten und vierten Raum macht der Besucher Bekanntschaft mit der heimischen Tierwelt. Naturgetreue Präparate vor allem von See-, Strand- und Watvögeln, eine Eiersammlung, sowie das Modell einer Vogelkoje sind hier ausgestellt, ferner die Tierwelt des Wattenmeeres und die Arten und Geräte des Fischfanges.

Altföhrer Handwerkskunst ist im Raum 5 zu finden. Die heute zum Teil schon ausgestorbenen Berufsstände, darunter Reepschläger, Reetdachdecker und Müller, sind hier vertreten, wobei die Goldschmiedewerkstatt für den Filigranschmuck der Friesentracht besondere Beachtung verdient.

Eine Art Mittelpunkt des Museums ist der Raum 6 mit Ausstellungsstücken und Bildern vom Walfang und von der Seefahrt. Harpunen und Speckmesser, dramatische Bilder vom Walfang. Schiffsmodelle, Gallionsfiguren, eine originale Kapitänsstube und die Kajüte eines Walfängers, sowie Bilder von einzelnen Kapitänen und ihren Schiffen sind hier eindrucksvoll ausgestellt.

Darunter liegt der Raum für Volkskunde. Liebe- und kunstvoll verzierte Gegenstände und Geräte des täglichen Lebens werden hier gezeigt, dazu in einem besonderen Raum hinter Glas die gegenwärtigen Friesentrachten einschließlich der Trauertracht, die bis zur Jahrhundertwende noch getragen wurde.

Weitere Räume sind der Kirche und Schule, den Eigenarten des Friesenhauses und der Geschichte des Seebades Wyk vorbehalten. Im Neubau befindet sich eine Bibliothek mit Leseraum, die dem Besucher für detailliertes Studium der Föhrer Geschichte offensteht.

Die »Wyker Dampfschiffs-Reederei« (WDR)

Fast stündlich fahren während der Sommersaison die Schiffe der »Wyker Dampfschiffs-Reederei Föhr–Amrum« zwischen den Festlandshäfen Dagebüll und Schlüttsiel zu den Inseln Föhr und Amrum und zu den Halligen Hooge und Langeneß, oder sind zu Ausflugsfahrten nach Helgoland, Sylt oder im Halligmeer unterwegs. Die WDR ist heute das bedeutendste Unternehmen der Stadt Wyk. Fremdenverkehr und das übrige Wirtschaftsleben auf der Insel sind aufs engste mit der WDR verbunden, die fast ausschließlich für die Beförderung von Mensch und Vieh, Frachtgütern, Waren, Materialien oder Post zuständig ist.

Die WDR wurde im Jahre 1885 gegründet. Natürlich gab es schon vorher Fährverbindungen nach Föhr. Erste Nachrichten darüber datieren aus dem Jahre 1622; sie beziehen sich auf ein Unglück der Fähre zwischen Dagebüll und Wyk, wobei 22 Menschen ertranken. Offensichtlich wurde die Verbindung aber von einem Deezbüller Schiffer betrieben.

Die Fährgerechtigkeit für Wyk wurde im Jahre 1723 erteilt. Allerdings wurde die Verbindung nur mit kleinen Segelschiffen betrieben. Das änderte sich erst, als Wyk Seebad wurde, und die Zahl der Reisenden sowie der Anspruch an Reisekomfort stieg. Es fehlte aber auch an guter Zubringung auf dem Festland. Die Reisenden mußten mit Postkutschen oder Fuhrwerken bis Dagebüll fahren. Erst 1887 wurde eine Bahn bis Tondern gebaut, wobei Niebüll einen Knotenpunkt erhielt. Die Kleinbahn von Niebüll bis Dagebüll wurde mit finanzieller Beteiligung von Wyk im Jahre 1895 eingerichtet. Aber bis Husum fuhr schon seit 1856 eine Bahn. Das nutzte eine Flensburger Gesellschaft und richtete zwischen Husum und Wyk eine Linie ein, auf der ein maschinengetriebener Dampfer fuhr.

Im Jahre 1872 schaffte sich auch die Wyker Fährgenossenschaft einen Dampfer an. Es war ein ehemaliges dänisches Kanonenboot, das im Verlauf des Krieges von 1864 versenkt worden war. Es wurde nun gehoben und in Hamburg mit einer Maschine ausgerüstet. Dieser Dampfer fuhr zwischen Wyk und Dagebüll. Eine andere Reederei, die »Direction des Dampfschiffes Wyk–Föhr«, richtete 1878 eine weitere Linie nach Husum ein. Ein Kapitän dieser Linie, Steffen-Heinrich Boetius, war es dann, der im März 1885 eine Versammlung von Wyker Bürgern einberief, auf der es zur Gründung der »Wyker

WDR-Fähre, Flaggschiff ist die 1992 gebaute »Rungholt«

Rhederei-Gesellschaft« kam. Diese neue, als Partnergesellschaft gegründete Reederei übernahm noch im gleichen Jahre die alte »Wyker Fährgesellschaft« mit ihren Schiffen und Beförderungsrechten und gab bei Howaldt in Kiel einen Neubau in Auftrag, den Dampfer »Nordfriesland«.

Die nächsten Jahre waren gekennzeichnet von hartem Konkurrenzkampf mit der noch bestehenden »Föhrer Dampfschiffs-Gesellschaft«, auch »Bauern-Reederei« genannt, und der »Direction des Raddampfers Wyk–Föhr«. Bei der gegenseitigen Preisunterbietung hatte die »Wyker Rhederei-Gesellschaft« den längeren Atem. Die »Bauern-Reederei« wurde 1889 liquidiert und die »Direction des Raddampfers Wyk–Föhr« gab 1902 das Rennen auf, da ihr einziger Dampfer auf der Linie Wyk–Husum nicht mehr rentabel war, nachdem der Dammbau vom Festland zur Hallig Oland und zur Hallig Langeneß einen Umweg erzwang.

Die »Wyker Rhederei-Gesellschaft« wurde im Jahre 1894 in eine GmbH umgewandelt und nannte sich von nun an »Wyker Dampfschiffs-Reederei GmbH«, kurz WDR. Inzwischen waren weitere Dampfer, so 1886 »Stephan« und 1894 eine neue »Nordfriesland« in den Dienst gestellt. Die Erschließung des Verkehrs auf dem Festland durch Eisenbahnen sowie die günstige Entwicklung des Seebades Wyk, wirkten sich auch auf die WDR aus, die für Wyk längst zu einem Symbol geworden war, wohl nicht zuletzt auch deshalb, weil die WDR eine Art Kompensation für das früher blühende Seefahrtsleben der Insel bildete.

Weitere Neubauten wurden auf Kiel gelegt, darunter der Dampfer »Föhr–Dagebüll«, der nach einem Umbau und einer Umtaufe auf den Namen »Hilligenlei« noch bis 1970 unter WDR-Flagge fuhr. Ein bedeutender Tag für die Reederei war der 25. Mai 1918, als die Wyker Spar- und Leihkasse ihre WDR-Anteile für 131 100 Mark an die Stadt Wyk verkaufte, die damit über 75% der Geschäftsanteile in Händen hielt. Neue Schiffe wurden 1924 und 1926 in Auftrag gegeben, und mit dem Kauf der Inselbahn auf Amrum übernahm die WDR im Jahre 1931 auch den Landverkehr auf der Nachbarinsel.

Nach dem Ende des Zweiten Weltkrieges kam die WDR jedoch in Schwierigkeiten, und 1952 wurde mit der Bundesbahn über einen Verkauf der Reederei verhandelt. Proteste aus der Wyker Bürgerschaft verhinderten diesen Plan.

Zusammen mit dem Neubeginn des Fremdenverkehrs entwickelte sich die WDR bald darauf wieder aufwärts. Zur Saison 1955 wurde ein neues Fahrgastschiff, die »Uthlande«, in den Dienst gestellt. Weitere Schiffe ähnlichen Typs folgten. Dem gestiegenen Material- und Kraftfahrzeugverkehr wurde 1962 durch den Bau der ersten Autofähre »Pidder Lyng« Rechnung getragen, und schließlich mit den kombinierten Passagier- und Autofähren »Nordfriesland« und »Insel Föhr« (Baujahre 1966 bzw. 1968) ein den heutigen Verkehrsverhältnissen entsprechender Schiffstyp gefunden. Im Jahre 1971 übernahm die WDR die in finanzielle Schwierigkeiten geratene »Amrumer Schiffahrts AG« mit ihren Schiffen auf der Linie Schlüttsiel–Halligen–Amrum.

Die gestiegenen Anforderungen drücken sich auch in den Verkehrszahlen aus. 1991 wurden rund 2,33 Millionen Passagiere im Linien- und Ausflugsverkehr sowie 278 400 Kraftfahrzeuge befördert.

Miesmuschelkutter im Hafen von Wyk

Die Miesmuschel-Fischerei

Der Inselbesucher mag erstaunt sein, wenn er erfährt, daß die gewerbsmäßige Fischerei auf Föhr nie von Bedeutung war und immer nur von einzelnen Fischern ausgeübt wurde. Auch die Zahl der Krabbenfischer war stets gering. Um so größer ist seit dem Jahre 1930 die Bedeutung der Muschelfischerei, die durch spezielle Schiffe von mehreren Unternehmen in Wyk betrieben wird.

Neben frei befischbaren Miesmuschelbänken im Wattenmeer werden künstliche Miesmuschelbänke angelegt, besonders im Watt östlich von Föhr. Diese Bänke werden von den Eigentümern systematisch bewirtschaftet. Der Aussaat nach dem Sammeln von Miesmuschellaich folgt nach dreijährigem Wachstum die Ernte. Das Abfischen geschieht im Winterhalbjahr, doch nur ein sehr geringer Teil dieser delikaten Muscheln wird auf den Inseln gegessen, die große Masse wird über Dagebüll in das Rheinland oder nach Frankreich und Holland exportiert.

Auf allen Wegen durch Föhr hat man Kirchtürme im Blick

Wanderwege und Ausflüge

Nach der Luftlinie bemessen beträgt der Durchmesser der Insel Föhr von Wyk bis Utersum rund 11 km, bei einer durchschnittlichen Breite von 7 bis 8 km und einem Gesamtumfang von 37 km. Die Entfernungen halten sich also in Grenzen, so daß sich die Insellandschaft im Laufe eines Urlaubs mühelos erwandern läßt. Allzu leicht ist der Kurgast von heute, der in der Regel sein Kraftfahrzeug mit auf die Insel genommen hat, dazu geneigt, die Landschaft nur im Vorbeifahren zu erleben, und nur hier und da auszusteigen. Doch wie jede Landschaft, so erschließt sich auch die der Insel Föhr nur dem Wanderer, der Muße hat, ins einzelne zu sehen.

Die nachfolgend beschriebenen, auf der Wanderkarte eingezeichneten Wege, sind so berechnet, daß sie entfernungsmäßig im Laufe eines Halb- oder Ganztages zu bewältigen sind und vielerlei Sehenswürdigkeiten bieten.

A – Von Wyk nach Näshörn, über Wrixum–Boldixum zurück

Aus der Stadt heraus geht der Weg auf der Binnenseite des Hafens hinauf auf den Deich. Hafen und Fähranleger bleiben zur rechten, die Neubauten in der Marsch, darunter eine moderne Kläranlage, zur linken zurück. In kurzer Zeit hat der Deichweg uns hinausgeführt in die Stille der Natur.

Der Deich ist ein altes, auch in der Gegenwart aktuelles Kapitel der Inselgeschichte (s. Seite 124). Wir studieren dieses größte Bauwerk der Insel Föhr etwas genauer und merken, daß der Deich an der Innenseite viel steiler ist als zur Seeseite hin, wo er flach ausläuft. Das flache, nur sanft ansteigende Profil zur See hin hat den Zweck, der Brandung keinen Angriffspunkt zu bieten, so daß sich die Wellen totlaufen. Unmittelbar am Deichfuß ist eine Asphaltdecke mit einem sogenannten Raufstreifen eingebaut. Überall begegnen wir Schafe, die das ganze Jahr hindurch den Deich beweiden, um die Grasnarbe kurz und fest zu halten.

Nach etwa einstündiger Wanderung ist die Spitze von Näshörn erreicht. Unmittelbar binnen des Deiches liegt die Boldixumer Vogelkoje, eine Entenfanganlage, die auf Seite 52 beschrieben ist. Die Boldixumer Koje steht zur Besichtigung frei und der Kojenmann ist gerne bereit, gegen ein kleines Entgelt, den Entenfang früherer Tage zu erklären.

Unser Weg geht dann durch die Marsch zurück, vorbei an grasenden Kühen und Pferden, warnrufenden Kiebitzen, Rotschenkeln und Uferschnepfen, auf die Silhouette der Wrixumer Mühle zu. Es ist ein langer, aber besinnlicher Weg durch die Natur bis zum Rand der baulich zusammengewachsenen Dörfer Wrixum und Boldixum, deren Randlage zwischen Marsch und Geest sehr ausgeprägt ist. Hier sehen wir alte Bauernhöfe mit mächtigen Scheunen oder Reihen kleinerer, reetgedeckter Friesenhäuser. Eine besondere Zierde ist die Mühle, die ganz neu restauriert und für Wohnzwecke ausgebaut ist. An der Mühle vorbei führt ein Weg direkt auf die St. Nicolai-Kirche zu (s. Seite 57). Sehr interessant ist neben der Kirche der Friedhof, der von allen Föhrer Friedhöfen die meisten der kunstvollen Grabsteine aus dem 16.–19. Jahrhundert aufweist.

Von Boldixum ist es dann nicht mehr weit bis Wyk.

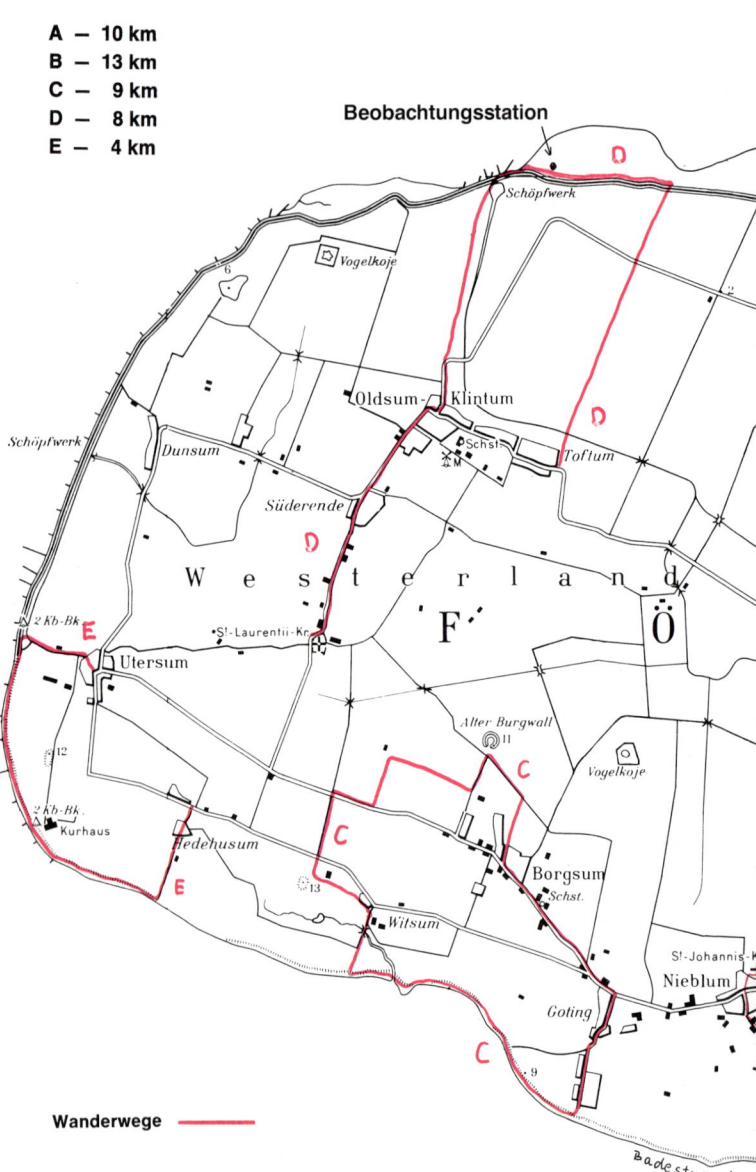

A — 10 km
B — 13 km
C — 9 km
D — 8 km
E — 4 km

Beobachtungsstation

Schöpfwerk

Vogelkoje

Schöpfwerk

Oldsum— Klintum

Dunsum

Schst.

Toftum

Süderende

W e s t e r l a n d

D

F

Ö

2 Kb-Bk.

E

St.-Laurentii-Kr.

Utersum

Alter Burgwall

11

Vogelkoje

12

C

2 Kb-Bk.

Kurhaus

Hedehusum

C

Borgsum

Schst.

E

13

Witsum

St.-Johannis-K

Nieblum

Goting

C

9

Wanderwege ————————

Badestrand

Insel Föhr — Seekartenausschnitt

mit freundlicher Genehmigung des Deutschen Hydrographischen Institutes

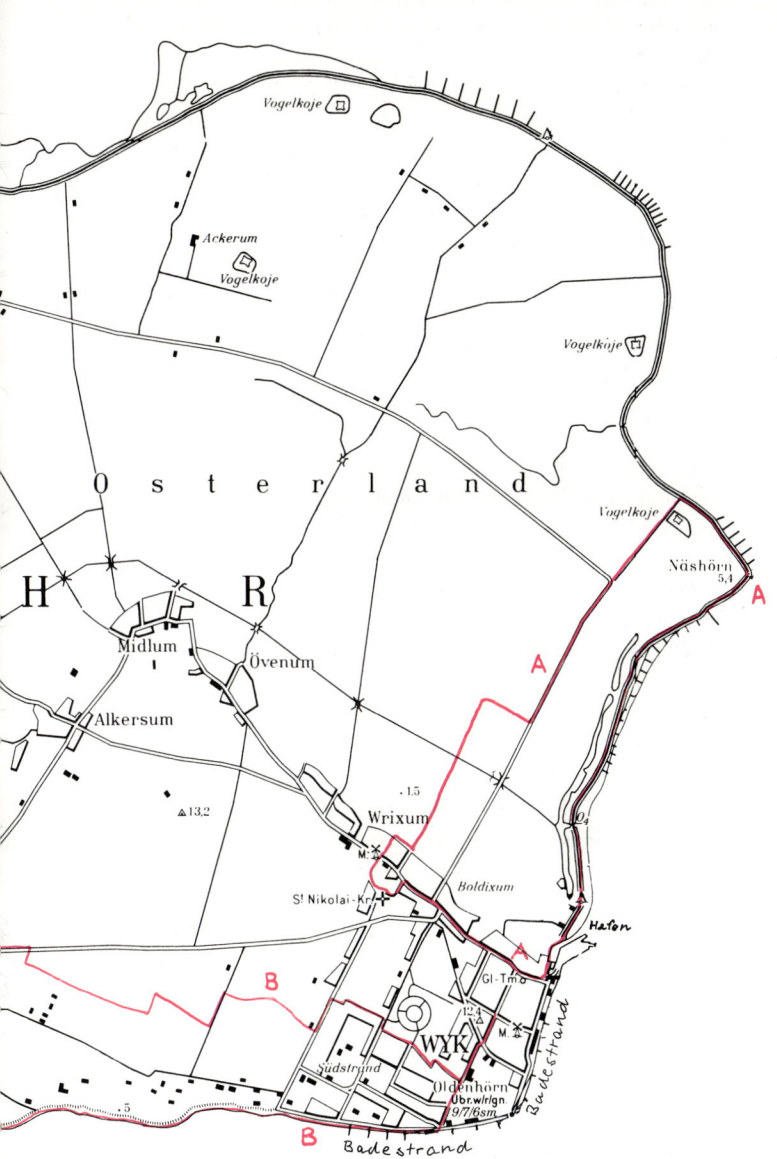

B – Von Wyk nach Nieblum, am Strand zurück

Aus dem Zentrum der Stadt führt dieser Weg durch das neubesiedelte »Rugstieg-Gebiet« hinein in die umfangreichen Aufforstungsflächen der Gemeinden Wrixum und Nieblum. Über einen Kilometer dehnen sich hier die heranwachsenden Gehölze, so daß man auf diesem Weg den Eindruck verliert, auf einer Insel zu sein. Halbwegs nach Nieblum können wir rechts abbiegen, um das auf einer Anhöhe stehende »Denkmal« zu besichtigen, eine Säule, deren Inschrift an den Besuch des dänischen Königs Friederich IV. im Jahre 1824 erinnert. Wer aber dem Autoverkehr auf der Rund-Föhr-Straße noch etwas länger entgehen will, kann seinen Weg durch die Feldmark fortsetzen, um erst kurz vor Nieblum auf die vielbefahrene Straße zu treten.

Nieblum hält sich bis zuletzt unter hohen Bäumen versteckt, nur der Kirchturm ragt daraus hervor. Die Baumalleen und die gepflegten Friesenhäuser geben Nieblum seinen besonderen Charakter. Am Nordrand des Dorfes liegt die Kirche St. Johannis (s. Seite 58) mit ihrem wuchtigen Mauerwerk und der reichen Innenausstattung. In einer gemütlichen Gaststätte halten wir Mittagsrast und wandern dann an der »Meeri«, einem großen Teich und dem danebenliegenden »Haus des Kurgastes«, zum Nieblumer Strand. Die Bedeutung Nieblums als Kurort zeigt sich auch hier am bunten Strandleben und den weißen Zelten des internationalen Zeltlagers der »Falken«.

In Richtung Osten wandern wir am Strand entlang, zunächst unter einen flachen Dünenwall, dann unter ein vom Meer angeschnittenen Ufer mit Kliffcharakter. Wenn wir Glück haben, können wir hier sogar noch freigewordene Urnen und Geräte eines wikingerzeitlichen Gräberfeldes finden.

Dann stoßen wir auf den »Greweling-Deich«, der als Asphaltdeich verstärkt wurde, als der Grüne Deich bei der Sturmflut 1962 zerstört wurde. Aus Sicherheitsgründen ist ein Teil der Greweling-Siedlung auf Warften errichtet. Wir sehen hier schmucke Reetdachhäuser, die sich harmonisch in die Landschaft einfügen. Ganz anders ist der Stil der Häuser, die in den letzten Jahren am Südstrand entstanden. Hochhäuser setzen hier neue Akzente und geben zu Warnungen Anlaß, die Föhrer Südküste nicht im Stile der Ostseeküste zu verbauen. Mit dieser nachdenklichen Sorge beschließen wir unsere Wanderung.

Am Goting-Kliff – Blick über das Wattenmeer

Der weite Wattenraum um Föhr lädt bei Ebbe zu Wanderungen und Entdeckungen ein

C – Von Borgsum nach Witsum, am Strand über Goting zurück
Für diese Wanderung fahren wir mit Bus oder eigenem Fahrzeug bis Borgsum und wandern dann zur nördlich des Dorfes liegenden Lembecksburg. Die Bezeichnung Burg soll uns nicht dazu verleiten, Mauern, Türme und Zinnen zu erwarten. Vielmehr handelt es sich um einen Ringwall aus Erde, der in der Frühzeit angelegt wurde (s. Seite 24). Der Wall ist etwa 8 m hoch, rund 450 m lang und weist zum Süden hin eine Öffnung auf. Großartig ist der Rundblick, den wir von der Höhe des Walles über die Insel haben.

Auf Feldwegen geht es dann hinüber nach Witsum, dem kleinsten Dorf der Insel Föhr. Dorf ist eigentlich keine Bezeichnung für diesen Ort, dessen wenige Häuser in einer auffallend hügeligen Landschaft liegen. Es handelt sich hier um Moränenablagerungen, die durch Sandaufwehungen zusätzlich erhöht wurden. Mit 11,3 m über dem Meeresspiegel ist der »Sylvert« hier die markanteste Anhöhe.

Durch die Godelniederung führt ein Weg direkt zum Strand, der

112

hier aus Geröll und Sandwällen gebildet ist. Wir überqueren die seichte Mündung der Godel und stoßen bald darauf auf das allmählich ansteigende Steilufer des Goting-Kliffs. In der Niederung unmittelbar vor dem Kliff soll in der Wikingerzeit ein Hafen gewesen sein, aber sichere Beweise gibt es dafür nicht. Um so auffälliger ist hier eine neuzeitliche Urlaubsmode, ein besonderer Strandabschnitt für Freikörperkultur, übrigens der einzige FKK-Strand auf Föhr. Ungehindert wandern wir durch dieses »Paradies«, bis das steiler und urtümlicher werdende Goting-Kliff unsere Aufmerksamkeit erregt. Große Findlinge am Strande und heruntergebrochene Erdschollen am Fuße des Kliffs verraten die unentwegte Zerstörungskraft des Meeres an dieser Küste.

Über eine Treppe gelangen wir in Höhe des Hauptstrandes von Goting herauf auf das Kliff und wandern dann an eine, in den 1960er Jahren erbaute Ferienkolonie und an einer Anzahl von Grabhügeln vorbei hinein in das Dorf Goting, wo wir unsere Rundwanderung beenden.

D – Vom Langdorf zum Vorland, zurück bis St. Laurentii

Zu dieser Wanderung fahren wir bis zum Langdorf, das so genannt wird, weil die drei Dörfer Oldsum, Klintum und Toftum zu einer Einheit zusammengewachsen sind. Am besten steigen wir in Toftum aus und wandern durch die Marsch, an den Aussiedlungshöfen vorbei zum Deich. Jenseits des Deiches liegt in wechselnder Breite das Vorland, dem unser Besuch vor allem gilt. Denn hier auf den aufgeschlickten Wiesen und den sandigen Strandwällen begegnen wir fast allen typischen See- und Strandvögeln. Uferschnepfen, Rotschenkel und Austernfischer empfangen uns mit lautem Geschrei. Dazwischen lassen die Lachmöwen ihr heiseres Krächzen, die Seeschwalben ihre rauhen Rufe hören.

Das Vorland gehört neuerdings zum Nationalpark Wattenmeer und darf während der Brutzeit nicht betreten werden. Wir melden uns deshalb bei der Beobachtungsstation und lassen uns die Vogelwelt erklären und mittels eines Fernrohres nahe bringen. Neben den Brutvögeln halten sich hier im Frühjahr und Herbst oft auch Massen von Zugvögeln auf – vor allem bei Hochwasser.

Am Deichübergang beim Oldsumer Schöpfwerk wandern wir wieder zurück, rechts die Oldsumer Vogelkoje, vor uns die Häuserreihe des Langdorfes, das noch überwiegend aus reetgedeckten Friesenhäusern und Bauernhöfen besteht. Wir wandern durch Oldsum hindurch nach Süderende, einem typischen Haufendorf mit alten Häusern. Westlich des Dorfes liegt die Dörfergemeinschaftsschule Föhr-West, und auf der anderen Seite der Straße grüßt uns der Turm der St. Laurentii-Kirche. Über die Kirche ist das Wesentliche schon auf Seite 61 gesagt. Auf dem Friedhof finden wir eine Anzahl alter Grabsteine, darunter den Stein des Walfängers Matthias Petersen, genannt der »Glückliche Matthias« (s. Seite 62).

E – Wanderung an der Föhrer Westküste

Wenn wir gut zu Fuß sind, können wir diese Wanderung mit dem Wanderweg C verbinden. Andernfalls fahren wir mit dem Bus nach Utersum und wandern von hier zum Strand. In Höhe des Dorfes, das sich immer mehr zu einem vielbesuchten Kurort entwickelt, läuft der 22 km lange Föhrer Deich an der höheren Geest aus. Nicht weit vom Ufer entfernt liegt der »Sunnberreg« mit einer steinzeitlichen Grabkammer. Vom Utersumer Deich kann man weit hinaus auf das Watt laufen, die Amrumer Odde liegt greifbar nahe, nur etwa 2,5 km entfernt. Doch um die Nachbarinsel zu erreichen, müssen wir weiter nördlich, am Deich von Dunsum, den vorgezeichneten Wattenweg betreten, weil ein tieferer Priel den kürzesten Weg versperrt. Deutlich ist auch die Insel Sylt mit ihrer Südspitze Hörnum zu sehen, und wenn man Sonnenuntergänge erleben und fotografieren will, dann ist hier am Utersumer Strand der geeignete Ort.

Der Deich von Utersum bis Dunsum ist besonders stabil, weil auf dieser Strecke bei Sturmfluten die Brandung am stärksten ist. Das Ufer wird zusätzlich durch zahlreiche Querbuhnen geschützt.

Am bunten Strandleben wandern wir vorbei, unter dem großen Kurheim der Bundesversicherungsanstalt entlang, bis wir in Höhe von Hedehusum auf eine Straße stoßen, die uns zur Bushaltestelle in Hedehusum führt.

Wolken, Wind und Weidevieh prägen das Bild der Föhrer Marsch

Ausflüge

Während der Saison werden täglich durch die WDR, von Privatschiffern und anderen Unternehmern Ausflugsfahrten zu Wasser und zu Lande durchgeführt, die im einzelnen durch Plakate bekanntgegeben werden und deshalb nur kurz beschrieben werden sollen.

»Inselrundfahrten« durch die Dörfer von Föhr werden mit Bussen der WDR und mit Pferdefuhrwerken veranstaltet. Vorrangiges Ziel sind die drei großen Inselkirchen, die Lembecksburg und eine Besichtigung der Meierei in Oevenum.

»Helgolandfahrten« finden mehrere Male in der Woche statt. Das WDR-Schiff fährt morgens ab Wyk und erreicht nach rund vierständiger Fahrt um die Mittagszeit Helgoland. Die einzigartige Buntsandsteininsel ragt fast 60 m hoch aus der Nordsee, und nach der völligen Zerstörung gegen Ende des Zweiten Weltkrieges und in den Nachkriegsjahren sind alle Häuser und sonstigen Anlagen seit Mitte der 1950er Jahre ganz neu entstanden. Auf Helgoland hat man 3–4 Stunden Zeit, um die kleine Insel kennenzulernen – wozu

Reiter auf dem Wattenweg von Föhr nach Amrum

der Blick auf die »Lange Anna« gehört – und zollfreie Waren einzukaufen, die man aber eigentlich nicht benötigt und nur deshalb kauft, weil sie billiger sind. Gegen Abend ist das Schiff in Wyk zurück. Wer anfällig für Seekrankheit ist, sollte seine geplante Helgolandfahrt ab Windstärke 5 verschieben.

»Halligfahrten« finden fast täglich durch kleinere Ausflugsboote der WDR statt. Sie führen nach den Halligen Langeneß und Hooge, wo wir eine eigenartige Inselwelt erleben. Die Halligen sind sehr niedrig, tischeben nur etwa einen Meter über Mittelhochwasser liegend. Die Häuser müssen deshalb auf künstliche Hügel, auf Warften, stehen, weil schon bei mäßigen Sturmfluten die Halligen »Land unter«, die völlige Überflutung melden. Orkanfluten steigen auch über die Warften, so daß die meisten Häuser spezielle Schutzräume haben. Auf Langeneß befördert uns der originelle »Hallig-Expreß« zur Kirche, zum Kapitän-Tadsen-Haus auf der Ketelswarft oder zur Friesenstube auf der Honkenswarft. Hallig Hooge ist so klein, daß man die dortigen Sehenswürdigkeiten, die Kirche und den Königspesel, zu Fuß erreichen kann. Der Königspesel auf der Hanswarft ist eine mit Fliesen (Kacheln) und anderen kostbaren Stücken ausge-

Mit der WDR nach Helgoland

stattete Kapitänsstube aus der Zeit um 1770. In der Regel bleibt dann noch Zeit, in einer gemütlichen Gaststätte Teepunsch, Pharisäer oder Grog zu trinken und die Halligknerken zu probieren – wenn man Platz findet. Denn die Hallig Hooge ist leider durch Tagesausflügler völlig »überlaufen«.

Auch die »Wattenwanderung« zur Nachbarinsel Amrum findet bei den Inselgästen großen Anklang. Je nach der Tide werden die Wattenwanderer zum Deich bei Dunsum befördert und wandern dann auf einen gekennzeichneten Weg sowie mit einem Wattenführer, der mit Sprechfunk ausgerüstet ist, etwa 6 km über festen Sandboden nach Amrum. Gelegentlich müssen aber die Röcke gehoben werden, wenn ein Priel zu durchwaten ist. Amrum hat einen ganz anderen Landschaftscharakter als Föhr. Vor der Insel liegt eine breite Sandbank, der »Kniep«. Dünen bedecken die halbe Insel und in der Inselmitte breiten sich Wald und Heide aus. Von Wittdün geht es mit der WDR-Fähre nach Wyk zurück. Wenn am Spätnachmittag Ebbe ist, findet die Wattenwanderung in umgekehrter Reihenfolge statt.

Ebenso ist die Nachbarinsel »Sylt« das Ziel von Tagesausflügen. Die Insel wird entweder mit WDR-Schiffen ab Wyk nach Hörnum oder über Dagebüll–Niebüll–Hindenburgdamm erreicht. Sylt ist aber so weitläufig, daß die Zeit selten reicht, um die urwüchsigen Landschaften, das Friesendorf Keitum oder das legendäre Kampen zu besuchen, so daß sich der Aufenthalt in der Regel auf das mondäne Westerland beschränkt.

Weitere Fahrten finden zum »Nachbarland Dänemark«, zum »Nolde-Museum« und zu den »Seehundsbänken« im Wattenmeer statt.

»Naturkundliche Führungen« veranstaltet die Schutzstation Wattenmeer. Sie gelten der Vogelwelt, dem Wattengetier, der Salzflora und der sonstigen Inselnatur.

Föhr als Kurinsel

Im Kapitel über das Seebad Wyk ist schon einiges über die Erforschung und Propagierung der Heilkräfte des Meeres und des Klimas, sowie über die Ärzte gesagt, die sich auf diesem Gebiet verdient gemacht haben. Man kann ohne Übertreibung behaupten, daß Wyk von der Mitte des 19. Jahrhunderts an für eine Zeit von rund hundert Jahren eine Art Forschungszentrum für diese wichtige Aufgabe an der Volksgesundheit war.

Die ersten Grundlagen wurden durch die in Wyk ansässigen Badeärzte gelegt, die den zuerst in England aufgekommenen und verwirklichten Gedanken, die Heilkräfte des Meeres zu nutzen, auf Wyk übertrugen und durch Veröffentlichungen publizierten. Dabei ist vor allem Dr. Gerber zu nennen, der vom Jahre 1872 an bis zu seinem Tode im Jahre 1912 in Wyk tätig war und zum erstenmal in seinen Aufsätzen Winterkuren anregte, die er später in seinem Sanatorium in die Tat umsetzte.

Ein weiterer praktischer Schritt in dieser Richtung erfolgte im Jahre 1883 durch den von Prof. Beneke angeregten »Verein zur Gründung von Seehospizen«. Am Wyker Strand wurde ein Seehospiz für ganzjährigen Kurbetrieb erbaut. Es war das heutige »Hamburger Kinderheim«. Einem ähnlichen Zweck diente das von Dr. Gmelin im Jahre 1898 am Südstrand erbaute »Nordsee-Sanatorium«, das sich sehr bald eines ausgezeichneten Rufes wegen der Kurerfolge rühmen konnte.

Mit Prof. Dr. Carl Häberlin, der sich im Jahre 1902 in Wyk niederließ, erhielt die Meeresheilkunde durch jahrzehntelange Versuche und Erforschungen an Kindern und Erwachsenen eine wissenschaftliche Grundlage, wobei neben den Heilwirkungen des Meeres auch das Klima in die Forschung einbezogen wurde. Zu diesem Zweck wurde ein Verein gegründet, der im Jahre 1925 eine bioklimatische Station einrichtete, die 1928 in ein eigenes, festes Gebäude einziehen konnte. Diese Station stand zunächst unter der Leitung von Dr. Pfleiderer, heute Professor für Meeresheilkunde an der Universität Kiel. 1935 übernahm der Deutsche Wetterdienst die Station, die unter Leitung von Dr. W. Leistner noch bis zum Jahre 1971 bestand.

Inzwischen waren ganzjährige Kuren längst Wirklichkeit geworden. Dafür waren etliche Kinderheime in Wyk und am Südstrand, sowie in Nieblum ein Beweis, ebenso die Erholungsheime und Sana-

Das Kurheim der BVA am Strand bei Utersum

torien von Versicherungsträgern, die seit einigen Jahren ein bedeutender Faktor für den Kurort Wyk sind. In den Kinderheimen werden sechswöchige, in den Sanatorien durchweg vierwöchige Erholungskuren durchgeführt. Insbesondere ist hier die westfälische Karl Wessel KG mit ihren Heimen engagiert.

Am Strande von Utersum wurde im Jahre 1930 auf Vorschlag von Dr. Gmelin ein Sanatorium der Reichsversicherungsanstalt (heute Bundesversicherungsanstalt) erbaut. Rund 250 Patienten finden in diesem umfangreichen, mit bedeutenden Kureinrichtungen versehenen Gebäude in vierwöchigen Kuren Heilung von chronischen Schwächen der Atemwege.

Schließlich sollen auch das 1975 eröffnete Kurmittelhaus und das 1970 errichtete Wellenschwimmbad in Wyk durch ganzjährigen Betrieb das Kurwesen unterstützen.

Gezeiten und Sturmfluten

Föhr ist, im Gegensatz zu Sylt und Amrum, die an der Grenze von Watt und Nordsee liegen, eine reine Wattenmeerinsel, die an allen Ufern bei Ebbe trocken fällt. Mit Ausnahme der Strand- und Hafenzone von Wyk, wo das Wasser wegen des abfallenden Meeresbodens und der Strömungsbetten nur geringfügig zurücktritt, dehnt sich vor der gesamten Föhrer Küste ein kilometerweites Watt, das an der Südküste und im Nordwesten aus Sandwatt, im Osten überwiegend aus Schlickwatt besteht. Mit Ausnahme einiger Priele fällt der gesamte Wattenraum zwischen Föhr und Amrum trocken, so daß man auf einem vorgezeichneten Weg die Nachbarinseln besuchen kann (s. Seite 118). Aber auch zwischen dem Nordostufer der Insel Föhr und dem Festlande ist eine Überquerung zu Fuß bedingt möglich.

Ebbe und Flut prägen wie kein anderes Naturereignis das Bild der Nordseeküste. Gezeiten, wie man Ebbe und Flut zusammen nennt, gibt es auf allen frei beweglichen Weltmeeren. Sie werden durch Anziehungskräfte des Mondes und der Sonne und der Fliehkraft der Erde erzeugt. Dabei bilden sich auf dem Weltmeer zwei Fluthügel, und zwar auf der dem Mond zugewandten Seite (Zenitflut) und auf der mondabgewandten Seite (Nadirflut), denen zwei Wellentäler entgegenstehen. Die Erde dreht sich unter diesen sogenannten Tidewellen, so daß jeder Ort des Weltmeeres im Laufe von knapp 25 Stunden Ebbe und Flut erlebt. Die tägliche Verschiebung der Hochwasserzeit um etwas 50 Minuten ergibt sich aus der Differenz zwischen Mond- und Erdentag.

Etwa alle 14 Tage erleben wir eine Springflut, weil Sonne und Mond von der Erde aus gesehen in einer Linie stehen und sich die Anziehungskraft beider Himmelskörper vereint. Die Flut steigt dann 30 bis 50 cm über Normal. Stehen Mond und Sonne jedoch im rechten Winkel zueinander, wirken die Anziehungskräfte gegeneinander, und wir erleben eine Nippflut, deren Wasserhöhe unter dem Normalstand bleibt.

Es flutet etwa 6 1/2 Stunden, wobei der höchste Stand der Flut Hochwasser genannt wird. Ebenso lange dauert die Ebbe, deren tiefster Stand als Niedrigwasser bezeichnet wird. Der Tidenhub ist der Unterschied zwischen Hoch- und Niedrigwasser. Er beträgt um Föhr etwa 2,50 m.

Die Flutwelle kommt von Südwesten und zwar als reflektierte

Der Sturmflut-Pfahl am Wyker Hafen. Ganz oben die Marke vom 3./4. Februar 1825, gefolgt vom 21. Nov. 1981, Januar 1990 und den beiden Januarfluten 1976. Sehr hoch war auch die Sturmflut im November 1911

Welle, die im Nordatlantik gebildet wird, an der englischen Ostküste südwärts wandert und von Untiefen und den West-Ostfriesischen Inseln nach Osten umgelenkt wird. Diese wellenförmige Bewegung verläuft um einen Drehpunkt in der Nordseemitte, wo es nur einen geringen Tidenhub gibt. Die Zeitdifferenz der Flutwelle von Helgoland bis Wyk beträgt 3 1/2 Stunden.

Das stete, ruhige Bild des Gezeitenwechsels ändert sich bei Sturmfluten, die bei Windstärke 10 aus westlichen Richtungen einen Wasserauflauf bis 2 m über Normal ergeben. Die hohe Lage der Insel Föhr auf dem Watt, die geringe Wassertiefe und der dadurch bedingte geringere Brandungsschlag, sowie die vorgelagerten Inseln Sylt und Amrum, ergeben für Föhr zwar einen natürlichen Schutz, doch sind die großen Sturmfluten nie spurlos an der Insel vorübergegangen.

Die Sturmflut vom 16./17. Februar 1962 brachte die Insel in größte Gefahr. Das Wasser stieg im Bereich von Föhr rund 3,20 m über Normal. Hafengelände, Hafen- und Königsstraße von Wyk standen

Zerstörungen am Deich durch die Sturmflut im Februar 1962

meterhoch unter Wasser. Die Flut beschädigte die Uferschutzmauer am Südstrand und brach in die Lüttmarsch am Kurmittelhaus ein. Der Greweling-Deich wurde weggerissen und schwerste Zerstörungen am Föhrer Deich angerichtet. Bei Dunsum bestand höchste Deichbruchgefahr, doch Deichbrüche auf Amrum und die kurzfristige Wasserentlastung retteten den Föhrer Deich.

Zum letzten Male war die Flut im Jahre 1833 über den Deich gelaufen, allerdings ohne größere Schäden anzurichten. Bei der Sturmflut am 3./4. Februar des jahres 1825, die mit einer Fluthöhe von 4 m über Normal die bislang höchstgemessene Sturmflut war, gab es jedoch bei Dunsum einen Grundbruch. Die ganze Marsch und Teile der Geest lagen unter Wasser, und zwischen Goting und Nieblum trennte die Flut die Insel in zwei Teile. In vielen Wohnungen stand das Wasser bis 80 cm hoch, während von mehr als 20 Häusern die Wände einstürzten. Zwei ältere Frauen ertranken in Klintum und Toftum, ferner ein Mann aus Dunsum und etlichem Vieh. Der dänische König Friedrich VI. kam höchstpersönlich nach Nordfriesland, um Hilfe zu gewähren.

Deichbau und Küstenschutz

Ein gewaltiges, von Menschenhand geschaffenes Bollwerk gegen die Nordsee ist der Föhrer Deich, der von Wyk aus über die Ost-, Nord- und Nordwestküste bis Utersum mit einer Länge von 22 km die Föhrer Marsch mit ihren Aussiedlungshöfen schützt.

Nach Feststellungen des Chronisten Ocke Nerong wurde der Deich nach etwa einhundertjähriger Bauzeit im Jahre 1492 vollendet, relativ spät im Vergleich zu den Eindeichungen der Festlandsmarschen und den Marschen der Uthlande. Doch ergab sich auf Föhr die Notwendigkeit eines Deichschutzes nur bedingt, weil die Dörfer flutsicher auf der höheren Geest lagen.

Zunächst handelte es sich beim Föhrer Deich auch nur um einen Sommerdeich, der bei größeren Sturmfluten, so in den Jahren 1625, 1634, 1717, 1825 und zuletzt 1833 überflutet und teilweise schwer beschädigt wurde. Nur zögernd und unzureichend wurde der Deich in diesen Jahrhunderten unterhalten und verstärkt. Die Gründe dafür liegen auf der Hand: die Landwirtschaft hatte nur geringe Bedeutung, »die Pflege des Bodens und des Deiches ist ausschließlich den Frauen anvertraut, während sich die seefahrenden Männer kaum um die Landwirtschaft kümmern, noch weniger sich an den Deicharbeiten beteiligen«. Doch war auch die politische Teilung der Insel Föhr in die Westerharde und Osterharde dem Deichbau hinderlich, da nur gemeinsame Maßnahmen sinnvoll waren. Diese Maßnahmen setzten aber Verhandlungen voraus, die nicht selten wegen Uneinigkeit ergebnislos blieben. Aus dieser Uneinigkeit entstand im März des Jahres 1825 sogar der Plan, auf der Hardesgrenze mitten durch Föhr einen Deich zu ziehen, damit nicht die eine Harde unter den Deichmängeln der anderen Harde zu leiden hatte. Erst im Jahre 1950 wurden die beiden Deichverbände zusammengeschlossen.

Bau und Unterhaltung des Deiches, der seinerzeit zwischen Utersum und dem Oldsumer Vorland aus einem von Sand und Tang und mit Steinen bdeckten Wall, auf der übrigen Strecke aus einem üblichen Rasendeich bestand, wurden in Hand- und Spanndienst geleistet, und zwar nach Maßgabe von den Besitzern des deichpflichtigen Landes. Zu diesem Zweck war der Deich in »Rotten« aufgeteilt, die jährlich neu verlost wurden. Hand- und Spanndienst waren am Deich von Westerland-Föhr noch bis 1950 üblich, während Osterland-Föhr seit 1897 »die außerordentlichen Arbeiten« öffentlich vergab.

Die Stadt Wyk liegt hinter einem sicheren Hafendeich

Einen festen Seedeich erhielt Föhr erst zwischen den Jahren 1897 und 1908. Mit einem Kostenaufwand von 1,1 Millionen Mark wurde der Deich wesentlich verstärkt, wobei der Staat 60% der Kosten trug. Weitere Deichverstärkungen auf Teilabschnitten wurden 1924 und 1937 durchgeführt. Die Holland-Flut im Jahre 1953 löste dann auf Grund der Beobachtungen von möglichen Fluthöhen eine erneute Erhöhung des Föhrer Deiches aus. Dabei wurde zum erstenmal das von den Holländern entwickelte Spülverfahren, die Einspülung des Sandes durch Bagger, angewendet. Diese Arbeit war bis auf eine Teilstrecke von 6,5 km durchgeführt, als die Sturmflut vom Februar 1962 kam, auf der niedriger liegenden Deichstrecke schwere Schäden anrichtete und einen beschleunigten Ausbau erzwang. Verstärkt wurde auch der im Jahre 1926 gebaute, durch die Februarflut 1962 zerstörte »Greweling«-Deich«. Um die Südküste zu schützen, wurden Steinbuhnen gebaut und Sände vor Nieblum, Goting und Wyk aufgespült.

Föhrer Vogelwelt

Schon auf der Reise von Dagebüll nach Wyk lernt der Inselbesucher einige der auffälligsten und bekanntesten See- und Strandvögel kennen. Möwen begleiten scharenweise die Fährschiffe, streiten sich um hingeworfenes Brot oder nehmen es im Vorbeiflug sogar geschickt aus der Menschenhand.

Vor allem sind es Silbermöwen, darunter neben den ausgefiederten Alttieren auch zahlreiche Jungvögel im braungefleckten Federkleid. Außer den Silbermöwen folgen Scharen der kleineren Lachmöwe den Schiffen. Lachmöwen haben im Sommerhalbjahr ein dunkelbraunes Kopfgefieder und sind dadurch sofort von anderen Möwenarten zu unterscheiden. Die dritte, an der Nordsee als Brutvogel vorkommende Möwenart, die Sturmmöwe, gehört jedoch nur ausnahmsweise zu den Schiffsbegleitern.

Möwen erblickt der Inselbesucher auch allenthalben im Wyker Hafen, wo sie auf Abfälle von Schiffen oder auf Futter von Kurgästen warten. Aber auch überall am Strand, auf Buhnen und Brücken halten sich ständig Möwen, vor allem Lachmöwen, auf. Die Brutplätze der Möwen liegen verstreut in der Föhrer Marsch und auf dem Vorland. Die Nester der Silbermöwen finden wir in der Marsch von Osterland-Föhr, während die Lachmöwen an verschilften Teichen oder an den Lachen des Vorlandes ihre hochaufgeschichteten Nester bauen. Im Vorland hat auch die Silbermöwe vereinzelte Brutplätze.

Möwen sind im Brutgebiet recht angriffslustig. Mit Sturzflügen und wütendem Gackern greifen sie Störenfriede an, die ihren Nestern oder Jungen zu nahe kommen.

Möwenverwandte Vögel sind die Seeschwalben, von denen Küsten-, Fluß- und Zwergseeschwalben auf den sandigen Strandwällen des Vorlandes brüten. Küsten- und Zwergseeschwalbe legen ihre zwei oder drei Eier in eine einfache Sandmulde zwischen Muschelschalen und Steinen, nur die Flußseeschwalbe macht aus trockenen Halmen ein dürftiges Nest.

Von den Wildenten sind, vor allem in den Marschengräben und Teichen, die Stockenten am häufigsten vertreten. Daneben ist auch die Löffelente, erkenntlich an dem breiten Schnabel, in den letzten Jahren häufiger geworden. Vereinzelt kommen Krick- und Reiherenten vor, und gelegentlich gibt es auch Bruten von Pfeif- oder

Ringelgänse auf dem Durchzug im Wattenmeer

Spießenten, die aus einer Vogelkoje, wo sie als Lockenten gehalten wurden, entwichen sind.

Von den Meeresenten sind Eider- und Brandenten vertreten. Erstere ist allgemein im Bereich der nordfriesischen Inseln häufiger geworden und brütet seit einiger Zeit auch an der Westküste von Föhr. Die farbenprächtige Brandente, auch Brandgans genannt, weil sie in der Lebensweise den Gänsen nähersteht als den Enten, hat ihre Brutplätze in Wildkaninchenhöhlen. Wildkaninchen gibt es auf Föhr erst seit 1947. Bis dahin hatten fast alle Landwirte in ihren Akkerwällen künstliche Höhlen angelegt, die sich an der Rückseite öffnen ließen. Auf diese Weise wurde der Brandente eine bestimmte Anzahl Eier genommen, während ihr ein Teil zum Ausbrüten belassen blieb.

Föhr ist aber vor allem eine Insel der Watvögel (Limicolen), die in den flachen Marschen- und Wattwiesen geeignete Lebensräume finden. Am häufigsten ist der Kiebitz, kaum eine Fenne, wo nicht ein Paar im Frühjahr ein Gelege hat und im Sommer seine Jungen führt.

Kiebitz

Rotschenkel

Austernfischer

*Brandganspaar
im Watt*

Silbermöwe

Lachmöwe am Nest

*Fasanenhahn im
Prachtgefieder*

Rohrweihe im Schilfhorst

Zugvögel im Wattenmeer

Häufig und auffällig ist auch der Austernfischer, der nicht nur durch sein kontrastreiches, schwarzweißes Gefieder, dem roten Schnabel und den roten Beinen, sondern vor allem durch seine Ruffreudigkeit auf sich aufmerksam macht. Aus der Luft oder von Koppelpfählen aus schimpfen Rotschenkel und Uferschnepfe, wenn Wanderer ihr Brutrevier betreten. Vereinzelt brütet der grazile Säbelschnäbler, gelegentlich auch der Große Brachvogel auf Föhr. Ständige Brutvögel sind die zierlichen Sand- und Seeregenpfeifer, beide im Geröllstrand der Föhrer Südküste oder auf den Strandwällen des Vorlandes zu finden.

Ganz allgemein hat sich die Zahl der Föhrer Brutvogelarten im Laufe der letzten Jahrzehnte vergrößert. Allerdings sind einige Arten auch durch die Flurbereinigung und Entwässerung nach 1960 verschwunden, so Storch, Rohrdommel, Trauerseeschwalbe und Wiesenweihe. Bedingt durch die Aufforstungen auf der Geest und den Anlagen von Gärten und Parks in Wyk oder in den Inseldörfern ist besonders die Zahl der Singvogelarten (Meisen, Amseln, Singdrosseln, Zaunkönig, Grasmücken, Buchfink, Grünfink, Hänfling u.a.) gestiegen. In der Marsch und auf der Geest sind Feldlerchen und Wiesenpieper anzutreffen. Doch fehlen Bach- und Schafstelze ebenso wie Rohrammer, Schilfrohrsänger und Steinschmätzer nicht, Vögel, die schon seit jeher zur Föhrer Fauna gehören.

Eulen und Greifvögel sind jedoch nur ständig durch die Waldohreule und den Turmfalken, beide in alten Krähennestern brütend, in neuerer Zeit auch mit dem Habicht, sowie die Rohrweihe vertreten. Die Anzahl der Rohrweihen ist jedoch bis auf zwei Brutpaare zurückgegangen. Erst im Jahre 1970 wurde dieser Greifvogel, vorher durch ständige Verfolgung gewisser Jäger dezimiert, unter Naturschutz gestellt.

Häufig und überall auf Föhr anzutreffen ist der Fasan, der 1932 eingebürgert wurde und heute eine große Rolle als Jagdbeute spielt. Dagegen ist die Zahl der Rebhühner, vermutlich infolge Intensivierung der Landwirtschaft, zurückgegangen.

Während der Zugzeit wird Föhr und das Watt um die Insel von zahlreichen Zugvögeln, vor allem Wildenten und Wildgänsen, sowie von Watvögeln besucht.

Queller – Pflanze an der Grenze von Land und Meer

Föhrer Flora

Die Flora der Insel Föhr läßt sich grob nach den vier Landschaftsformen einteilen, nämlich in Salzpflanzen des Sandstrandes, Salzpflanzen des aufgeschlickten Vorlandes, Süßwasserpflanzen der eingedeichten Marsch und »Unkräutern« und Kulturpflanzen der Geest. Vor der Küste, vor allem vor der Godelmündung, stehen Pflanzen, teilweise weit hinaus im Watt. Es handelt sich um das Englische Schlickgras, das hier in dichten Porsten wächst. Vor Jahrzehnten wurde diese Pflanze zum Zwecke der Landgewinnung künstlich ausgesät und verbreitete sich an geeigneten Plätzen fast aller Inseln und Halligen. Im Sand und im Steingeröll, eben oberhalb des Flutsaumes, stehen dicht an dicht die niedrigen, grünfleischigen Salzmieren. Etwas höher schließen sich die Büsche des stacheligen Salzkrautes und des duftenden Meersemfes an. Auf sandigen Erhöhungen gedeihen Binsenquecke sowie Büsche des Strandroggens. Auch die Strandmelde ist hier zu finden, und etwas höher, dem Zugriff der Flut schon entzogen, die Strandplatterbse mit ihren violetten Blüten.

Mancherorts, so vor dem Greweling-Deich, am Nieblumer Strand und vor der Godelniederung, sind kleine Dünenwälle aufgeweht, auf denen der Strandhafer wächst.

Salzpflanzen, die Überflutungen vertragen, ja für ihr Dasein erfordert, wachsen auch auf dem Vorland an der Föhrer Nordküste. Doch sind es hier auf den Wiesen und am Schlickufer andere Pflanzen als auf dem Sandstrand. Hier im Vorland und noch ein Stück hinaus im Watt steht in Einzelbüschen oder rasenartig der Queller. Wattufer und Vorlandwiesen schmücken sich im Mai mit der Blütenfülle des Dänischen Löffelkrautes, im Sommer zeigen hier die Strandastern ihre blauen Blüten, und der blühende Strandflieder breitet einen rosavioletten Schimmer aus. Die Blütensterne der Salzschuppenmiere leuchten aus dem Grün des Andelgrases, Ufer und Grabenkanten sind mit silbergrauem Strandbeifuß verziert. Milchkraut, Strandwegerich und Strand-Dreizack sind weitere Pflanzen dieses Lebensraumes.

Ganz anders ist die Flora des eingedeichten Marschenlandes, wo Wiesengräser verschiedenster Art, Wiesen- und Süßwasserpflanzen das Bild bestimmen. Je nach der Jahreszeit sehen wir hier die gelben Blütenköpfe des Löwenzahns, die zierlichen Gänseblümchen, die fransigen, rosa Blüten der Kuckuckslichtnelke oder die gelben Hahnenfußarten. In Gräben und Tümpeln wachsen Wasserpest, Wasserminze, Laichkraut und Binsen, Igelkolben, Schilf und vereinzelt Rohrkolben.

Das Bild der Geestpflanzen wird überwiegend von den »Kulturpflanzen« der Bodenbewirtschaftung geprägt. Wildwachsende »Unkräuter« stehen in der Vielfalt ihrer Arten nur dort, wo der Boden nicht bearbeitet wird, also auf Ackerwällen, am Wegesrand und den geringen Flächen des Brachlandes. Hier fallen die Grasnelke und das Stiefmütterchen, Schafgarbe, Glockenblume, Hornklee und Hasenklee und verschiedene Disteln auf. Nahe des Dorfes Süderende sowie im Bereich von Witsum sind noch kleine Reste der einst verbreiteten Heide zu finden. Neben dem dunkelbraunen Heidekraut, das erst im Spätsommer blüht, stehen hier Büsche des Ginsters, im Juni mit leuchtendgelben Blüten übersät. Wo der Untergrund feucht ist, können Glockenheide, Lungenenzian und Sonnentau entdeckt werden.

Insgesamt gibt es rund 450 wildwachsende Pflanzen auf Föhr.

Pflanzen am Sandstrand: Strandroggen, Salzmiere und Salzkraut

Pflanzen am Wattufer: Strandbeifuß, Strandflieder und Schlickgras

134

Pflanzen auf der Geest: Wiesen-Klee, Heide und Schafgarbe

Pflanzen in der Marsch: Kuckuckslichtnelke, Schilf und Hahnenfuß

Seetiere

Nordsee und Wattenmeer sind Lebensraum einer vielfältigen und zahlreichen Tierwelt, die wir zum Teil auf Strand- und Wattenwanderungen entdecken oder angespült im Flutsaum finden. Der Flutsaum ist die Angespülkante des Meeres, täglich markiert er den höchsten Stand der Flut bzw. Brandung.

Neben küstennahen Meerespflanzen, Algen und Tangen sind vor allem Muschelschalen auf den Strand gespült, am häufigsten die Schalen der Herz-, Platt- und Tellmuscheln. Doch auch die Amerikanische Bohrmuschel, die Pfeffer- und Trogmuschel sind regelmäßig in der Anspülkante zu finden, ebenso die schwarzblauen Miesmuscheln und als größte die Klaffmuschelarten und die Auster. Muschelschalen sind Reste der Weichtiere (Mollusca), von denen wir nur wenige Arten in lebendem Zustande entdecken. Fast alle Arten leben unterirdisch, in Sand und Schlick eingegraben. Nur Miesmuschel und Auster machen eine Ausnahme. Doch die Auster ist an der deutschen Nordseeküste fast ausgerottet, so daß wir kaum Gelegenheit haben, sie lebend zu finden.

Neben Muschelschalen liegen auch die leeren Gehäuse verschiedener Schneckenarten am Strande. Vor allem fallen uns die Gehäuse der großen Wellhornschnecke auf, während wir die Millionen winziger Wattschnecken-Gehäuse kaum beachten. Sie bilden in Wattenbuchten oft einen dichten, kieselsteinähnlichen Belag. Häufig ist auch die leere Behausung der Strandschnecken.

Andere Treibsel sind nicht so leicht zu erkennen. Bei den Büscheln des See- und Korallenmooses handelt es sich nicht um Pflanzen, sondern um Polypentiere. Während wir dann auf einem Stück Holz die verschnörkelten Gehäuse der Dreikantwürmer entdecken, zeigt uns ein anderes Holzstück die Bohrgänge des Pfahlwurmes, einer Muschelart, die hölzerne Schiffsböden oder Brückendalben völlig zerstören kann.

Der langgestreckte, kalkige Schulp des Tintenfisches, die schwarzbraune, mit vier »Beinen« versehene Eikapsel des Nagelrochens und die Eiballen der Wellhornschnecke sind weitere Dinge, die dem Strandwanderer Rätsel aufgeben. Während der Sommermonate werden zahlreiche Quallen angespült, am Föhrer Strand vor allem die blaßblaue Wurzelmundqualle und die gelbliche Kompaßqualle, die an ihrer kompaßartigen Zeichnung zu erkennen ist.

Muschelschalen am Strande
1 Große Sandklaffmuschel 2 Gestutzte Klaffmuschel 3 Herzmuschel
4 Große Bohrmuschel 5 Plattmuschel 6 Pfeffermuschel 7 Dreieckmuschel
8 Amerikanische Bohrmuschel 9 Trogmuschel 10 Miesmuschel 11 Auster
Unten rechts Gehäuse der Wellhornschnecke

Funde im Flutsaum
1 Strandkrabbe 2 Eikapsel des Rochens 3 Schulp des Tintenfisches
4 Strandigel 5 Röhre des Köcherwurmes 6 Entenmuschel 7 Eiballen der
Wellhornschnecke 8 Gemeiner Seestern 9 Kompaßqualle

Auch die etwa stachelbeergroße Kugelrippenqualle ist zu bestimmten Jahreszeiten im Flutsaum zu finden. Doch fällt sie, da sie sehr klein und durchsichtig ist, kaum auf.

In manchen Jahren treiben unzählige Entenmuscheln an. Es sind Krebstiere, die auf schwimmenden Gegenständen leben, und zwar draußen in der Nordsee oder im Atlantik. Ungünstige Strömungen oder Winde haben sie an den Strand vertrieben, wo sie vertrocknen oder von Möwen gefressen werden.

Der Flutsaum ist der Friedhof des Seegetieres. Nur sterbend oder schon tot gelangt es durch die Brandung auf den Strand. Der eigentliche Lebensraum beginnt aber schon unmittelbar in der Strandzone, dicht unter der Hochwassergrenze. Auf Buhnen, Brückenpfählen und anderen festen Gegenständen haben sich Seepocken verschiedenster Art angesiedelt. Dicht an dicht haben ihre kalkigen Gehäuse den Untergrund überzogen. Seepocken sind Rankenfüßler, die zur großen Familie der Krebstiere gehören. Neben den Seepocken haben sich Strandschnecken die Uferzone als Lebensraum erwählt, auch sie sind hier regelmäßig zu finden.

Ein Stück hinaus, im sandigen Watt, bedecken merkwürdige Sandkringel den Boden. Es sind die Ausscheidungen des Wattwurmes, der in unschätzbarer Zahl im Wattboden haust und zwar in U-förmigen Röhren, dessen beide Enden zur Oberfläche reichen. An einem Ende saugt der Wurm den Oberflächensand an und kaut diesen durch, um die Nahrungsstoffe herauszusondern. Am anderen Röhrenende wird der durchgekaute Sand wieder zur Oberfläche herausgestoßen. Pausenlos bilden sich im Watt diese Häufchen. Interessant und vielfältig ist auch das Leben im seichten Wasser der Priele. Unter Tangbüscheln verborgen oder im losen Sand eingebuddelt, warten Strandkrabben auf die nächste Flut. Garnelen huschen hin und her, und hier und da stehen daumengroße Seenelken. Sie erscheinen wie Blumen, es sind aber Tiere, die mit ihren Tentakeln, an deren Spitzen sich Giftkapseln befinden, Beute betäuben und verzehren.

Auch Fische sind während der Ebbezeit im Priel zurückgeblieben. Aale aller Größen ruhen im Tang, ebenso kleine Seeskorpione und Steinpicker. Schollen und Wattbutt haben das flache warme Wasser am Prielrand aufgesucht und sich dort in den Sand gewühlt. An den Rändern der Priele siedeln sich mit Vorliebe Miesmuscheln an. Dicht an dicht bedecken sie den Boden, untereinander verbunden durch

Krabbenfischer in der Norder-Aue

braune Byssusfäden. Diese Miesmuschelbänke sind wiederum Lebensraum für andere Tiere. Seesterne und Strandigel finden wir hier, ebenso die auf Muschelschalen und Steinen lebenden Pantoffelschnecken oder die am Rande der Muschelbänke stehenden Borstenröhren des Röhrenwurmes. Selbst Wellhornschnecken sind hier nicht selten. Sie graben sich jedoch bei Ebbezeit ein, so daß es einige Mühe kostet, sie zu finden.

Die Seetiere des freien Wassers lernen wir am besten durch einen Krabbenfischer kennen. Vom Frühjahr bis weit in den Herbst hinein fischen die wenigen Wyker Krabbenkutter, verstärkt durch die Flotte von Friedrichskoog, im nordfriesischen Wattenmeer. Gegen entsprechende »Bezahlung«, Zigaretten oder Rum, erhält man die Erlaubnis, eine Fangreise mitzumachen.

Im Morgengrauen tuckern die Kutter zu ihren Fangplätzen, schwenken beiderseits der Bordwände ihre Netze aus und ziehen diese etwa zwei Stunden lang über den Grund. Dann wird ein »Hol« gemacht. Das Netz wird an Deck gehoben und der »Steert«, der Fangsack, geöffnet. Der Fang prasselt auf die Schiffsplanken, – ein Durcheinander verschiedensten Getiers. Die Speisekrabben werden

Seehund

zunächst durch ein Motorsieb, dann durch Handarbeit heraussortiert und später gleich in einem Kessel gekocht, wobei sie ihre appetitliche rote Farbe erhalten. Übrig bleiben Dorsche, Blaufische, Wittlinge, Steinpicker, Aalmuttern, Knurrhähne, Seeskorpione, Tobiasfische, Seestichlinge, Heringe, Strand- und Schwimmkrabben, Einsiedlerkrebse, manchmal kleine Tintenfische, Seenelken und noch vieles andere, was im Meere schwimmt und kriecht.

Die gekochten Krabben werden in Kisten gefüllt und nach Rückkehr der Krabbenkutter in den Hafen auf den WDR-Dampfer verladen oder direkt am Hafen verkauft. Richtig heißen Krabben »Garnelen«, werden auf friesisch und plattdeutsch auch »Porren« und in Ostfriesland »Granat« genannt. In Föhrer Restaurants stehen sie in vielfacher Zubereitung auf den Speisekarten.

Inselwinter

Das Leben auf der Insel vollzieht sich in zwei grundätzlich verschiedenen Abschnitten: Der geschäftigen Unrast der Saison zwischen Mai und Oktober folgt die Ruhe des Winterhalbjhres. Am stärksten macht sich dieser Lebensrhythmus in den fremdenverkehrsintensiven Orten Wyk, Nieblum und Utersum bemerkbar. Der Kurgast erlebt immer nur den einen Abschnitt, kein Wunder, daß an den Einheimischen oft die Frage nach dem winterlichen Inselleben gestellt wird. Nach der Saison wird »Kassensturz« gemacht, die Einnahmen, Umsätze, Steigerung des Verzehrs und Verkehrs zusammengerechnet und mit dem Ergebnis des Vorfahres verglichen. Wie immer das Ergebnis auch ist, man nimmt sich vor, im nächsten Jahr noch mehr zu verdienen.

Dann brechen die urlaubsreifen Insulaner auf, um ihrerseits Kurgast zu sein, nicht zuletzt vor allem in Modebädern des Südens. Für diesen Zweck gibt es auf den nordfriesischen Inseln eine eigene Ferienregelung für die Schulen, damit die Kinder mit ihren Eltern verreisen können. Zusätzliche Herbstferientage sind vorher von anderen Ferien des Jahres abgezogen worden.

Das Winterhalbjahr ist zwar eine Zeit der Ruhe, doch auch eine Zeit der Feste und Geselligkeiten. Erste Höhepunkte sind die Treibjagden auf Fasane und Hasen, Kaninchen und Schnepfen, die von Gemeindeflur zu Gemeindeflur mit gegenseitigen Einladungen wechseln. Auch vom Festland reist manche Prominenz heran, denn Strecken wie auf Föhr gibt es nirgends mehr im Lande. Die Jagd bleibt dann den Herbst und Winter hindurch Leidenschaft und Zeitvertreib vieler Insulaner.

Wenn alles wieder aus dem Urlaub zurückgekehrt ist, rüstet man sich zu den Festen. Wer Geselligkeit und Vereinsmeierei liebt, ist jedes Wochenende verpflichtet. Hegering und Gesangvereine, Kleintierzüchter und Schützen, Sportverein, Kegelklub und Kaufmännischer Verein, die Landfrauen und die Kirchen, sie alle haben ihre Jahres-, Stiftungs- oder sonstigen Feste. Besondere Höhepunkte aber sind die Bälle der Feuerwehr, die reihum von den Inselwehren veranstaltet werden, spielt die Feuerwehr auf Föhr doch eine besondere, auch gesellschaftspolitische Rolle! Doch auch manche private Feier, für die in der Saison keine Zeit war, wird im Winterhalbjahr nachgeholt.

Biike-Brennen am 21. Februar

Eine Feier besonderer Art ist auch das Weihnachtsfest, weil es die Familien vereint. Auswärts lebende Insulaner und die Jugend, die auf dem Festlande in der Lehre oder in Arbeit steht, finden sich auf ihrer Heimatinsel ein. Zwei alte Bräuche, das »Thamsen« am 21. Dezember und das »Amtaklin« oder »Kenknin« am Abend des 31. Dezembers beschließen dann das alte Jahr.

Charakteristisch für das Winterhalbjahr ist aber auch der erholsame Müßiggang, das ruhige Leben auf der Insel, die Stille am Strand und auf den Straßen. Kein Kurgast hält die Insulaner auf dem laufenden, und viele tun nur das, wozu sie gerade Lust empfinden. Das sind in der Regel Arbeiten am Haus und im Garten. Auch Behörden und Geschäftswelt treten durch eingeschränkte Öffnungszeiten kürzer.

Winter im wettermäßigen Sinn stellt sich in der Regel erst im Januar ein. Doch die Winter sind, bedingt durch die sommerliche Wärmespeicherung des Meeres und eines Golfstrom-Ausläufers, durchweg kurz und mild. Nur selten ist der Frost so andauernd und

WDR-Fähre im vereisten Wattenmeer

streng, daß das Wattenmeer zufriert und damit der Schiffsverkehr zur Insel unterbrochen wird. Die letzten bedeutenden Eiswinter waren 1956 und 1947. Im Jahre 1956 war es möglich, mit dem Auto über das Eis nach Amrum zu fahren. Im strengsten Winter dieses Jahrhunderts, 1947, wurde sogar vom Midlumer Deich über das Eis zum Festland eine »Eisstraße« eingerichtet, auf der schwere Lastwagen mit Versorgungsgütern nach Föhr und Amrum fuhren.

Wenn am Abend des 21. Februar die »Biiken« (s. Seite 67) abgebrannt sind, stellt man sich wieder auf das Frühjahr und auf Kurgäste ein. Während noch eifrig mit zimmersuchenden Kurgästen korrespondiert wird, beginnen der Hausputz und die Organisation der nächsten Saison.

Schrifttum – Quellenverzeichnis

Arfsten, R. – »Mammenspriik«, Heide 1957
– »Föhrer Vogelbuch«, Wyk 1957
– »Die Mühlen auf Föhr«, Selbstverlag 1967
Bantelmann, A. – »Die Landschaftsentwicklung an der schleswig-holsteinischen Westküste«, Neumünster 1967
Braren, J. – »Die vorgeschichtlichen Altertümer der Insel Föhr«, Hamburg 1935
Dircksen, R. – »Föhr«, Breklum 1953
Falk, Fritz J. – »Die Seefahrer von St. Johannis«, Bredstedt 1984
Häberlin, C. – »Chronik des Seebades Wyk«, Wyk 1919
– »Führer durch das altföhringer Haus«, Wyk 1930
– »Die nordfriesischen Salzsieder«, Wyk 1934
Hansen, H. – »75 Jahre Wyker Dampfschiffs-Reederei«, Wyk 1960
Hansen, M. und N. – »Föhr-Geschichte und Gestalt einer Insel«, Itzehoe 1971
Hinrichsen, H.C. – »Beiträge zur Auswanderung von Föhr und Amrum nach Amerika«, Fries. Jahrbuch 1961
Jensen, Chr. – »Die Nordfriesischen Inseln . . .«, Lübeck 1927
Kersten, K. und La Baume, P. – »Die Vor- und Frühgeschichte der nordfriesischen Inseln«, Neumünster 1958
Koehn, H. – »Die nordfriesischen Inseln«, Hamburg 1939
La Baume, P. – »Grabhügel und Burgen auf Amrum und Föhr«, Wyk 1963
– »Was wissen wir von der Lembecksburg?«, Wyk 1965
Leistner, W. (Herausgeber) – »Das Buch von Föhr«, Wyk 1953
Lüden, Walter – »Redende Steine«, Hamburg 1984
Nerong, O. – »Die Kirchhöfe Föhrs«, Dollerup 1903
– »Das Dorf Wrixum«, Dollerup 1889
– »Die Insel Föhr«, Dollerup 1903
Oesau, W. – »Schleswig-Holsteinische Grönlandfahrt auf Walfischfang und Robbenschlag«, Glückstadt 1937
Quedens, G. – »Wanderwege auf Föhr«, Flensburg 1964
– »Föhr erzählt«, Itzehoe 1969
– »150 Jahre Seebad Wyk auf Föhr«, Nordfriesland Heft 10, Bredstedt 1969
– »Inselkirchen«, Breklum 1980
– »Die Inseln der Seefahrer«, Hamburg 1982
Roeloffs, Brar C. – »Von der Seefahrt zur Landwirtschaft«, Nemünster 1984
Roeloffs, Brar C. und Riewerts, Erich – »Broder Riewerts«, Neumünster 1991
Schmidt-Petersen, A. – »Die Ortsnamen der Insel Föhr«, Hamburg 1965
Wieland, P. – »Deiche auf Föhr«, Husum 1963